PREKRASNA KUHARICA ZA ŠEĆERNU VATU

Prepustite se 100 slatkih fantazija s dekadentnim užicima, živim okusima i delikatnim vrtnjama lepršavosti

Leonardo Babić

Materijal autorskih prava ©2024

Sva prava pridržana

Nijedan dio ove knjige ne smije se koristiti ili prenositi u bilo kojem obliku ili na bilo koji način bez odgovarajućeg pisanog pristanka izdavača i vlasnika autorskih prava, osim kratkih citata korištenih u recenziji. Ovu knjigu ne treba smatrati zamjenom za medicinske, pravne ili druge stručne savjete.

SADRŽAJ

SADRŽAJ **3**
UVOD **6**
DOMAĆA ŠEĆERNA VATA **7**
   1. Ručno izvučena šećerna vuna 8
   2. Strojno izrađena šećerna vuna 10
DORUČAK **12**
   3. Uštipci od šećerne vune s glazurom 13
   4. Vafli s glazurom od šećerne vate 16
   5. Parfe za doručak sa šećernom vunom 18
   6. Souffle palačinka od šećerne vate 20
   7. Proteinski puding od šećerne vate 23
   8. Bagel za doručak sa šećernom vunom 25
   9. Francuski tost od šećerne vune 27
   10. Kroasani punjeni šećernom vunom 29
   11. Parfe od šećerne vate i jogurta 31
   12. Sundas za doručak 33
   13. Zdjela za smoothie od šećerne vate 35
   14. Palačinke za doručak od šećerne vate 37
   15. Muffini za doručak sa šećernom vunom 39
   16. Mini krafne sa šećernom vunom 41
   17. Složena palačinka šećerne vune 44
   18. Smoothie za doručak od šećerne vate 46
   19. Tost za doručak sa šećernom vunom 48
   20. Zobena kaša za doručak za šećernu vunu 50
GRICOLE **52**
   21. Zalogaji pereca od šećerne vune 53
   22. Cotton Candy kokice 55
   23. Slatkiši od šećerne vune i riže Krispie 57
   24. Woopie pite od šećerne vune 59
   25. Cotton Candy S'mores 61
   26. Cotton Candy Puppy Chow 63
   27. Cotton Candy Rogovi jednoroga 65
   28. Kuglice za grickalice šećerne vune 67
   29. Šećerna vuna Krispie pločice 69
   30. Cirkuski kolačići šećerne vune 72
   31. Štapići za perece od šećerne vate 75
   32. Energetski zalogaji šećerne vune 77
   33. Cotton Candy Cake Pops 79
   34. Cotton Candy Čokoladna kora 81
   35. Chex mješavina šećerne vate 83
   36. Pločice šećerne vune Granola 85

37. COTTON CANDY MARSHMALLOW POPS 87
38. COTTON CANDY CHEESECAKE PLOČICE 89
39. KOLAČIĆI PUNJENI ŠEĆERNOM VUNOM 91
40. SLATKIŠI OD ŠEĆERNE VATE MARSHMALLOW ŽITARICE 93

UMOCI 95
41. DIP OD ŠEĆERNE VATE 96
42. COTTON CANDY MARSHMALLOW DIP 98
43. DIP OD ŠEĆERNE VATE I JOGURTA 100
44. COTTON CANDY CHOCOLATE DIP 102
45. VOĆNI UMAK OD ŠEĆERNE VATE 104
46. DIP OD ŠEĆERNE VATE I MASLACA OD KIKIRIKIJA 106
47. DIP ZA ŠLAG OD ŠEĆERNE VATE 108

DESERT 110
48. ŠEĆERNA VUNA ECLAIRS 111
49. KOLAČIĆI OD ŠEĆERNE VATE 114
50. SLADOLED OD ŠEĆERNE VUNE BEZ MIJEŠANJA 117
51. SLOJEVITI KOLAČ OD ŠEĆERNE VUNE 119
52. SENDVIČI SA SLADOLEDOM OD ŠEĆERNE VUNE 122
53. MRAMORIRANA BOMBONA ŠEĆERNE VUNE 124
54. SENDVIČI SA ŠEĆERNOM VUNOM I KOLAČIĆIMA 126
55. COTTON CANDY MARSHMALLOW FUDGE 129
56. PLAVI KOLAČ OD ŠEĆERNE VUNE 131
57. ŠEĆERNI KOLAČIĆI OD ŠEĆERNE VATE 133
58. ŠEĆERNA VUNA OREO TARTUFI 135
59. COTTON CANDY MACARONS 137
60. COTTON CANDY POKE TORTA 140
61. ŠEĆERNA VUNA KREM SE TOPI 142
62. PJENA OD ŠEĆERNE VATE 144
63. ŠEĆERNA VUNA AFFOGATO 146
64. PANNA COTTA ŠEĆERNE VUNE 148
65. PUDING OD ŠEĆERNE VATE OD RIŽE 150
66. PUFFOVI OD ŠEĆERNE VATE 152
67. ČUDOVITE PASTELNE JABUKE ŠEĆERNE VUNE 154
68. SLATKIŠI OD ŠEĆERNE VUNE 157
69. DESERT BURRITO OD ŠEĆERNE VATE 159
70. DIPPER ZA PALAČINKE ŠEĆERNE VUNE 161
71. COTTON CANDY TRIFLE 163
72. KOLAČ OD ŠEĆERNE VUNE 165
73. COTTON CANDY CHEESECAKE 167

GLAZURE I GLAZURE 170
74. GLAZURA OD ŠEĆERNE VATE I KREM SIRA 171
75. GLAZURA OD ŠEĆERNE VATE OD PUTERA 173
76. GLAZURA OD ŠEĆERNE VATE 175

77. Cotton Candy Swiss Meringue Buttercream 177
78. Glazura od šećerne vune s bijelom čokoladom 179
79. Cotton Candy Royal Icing 181
80. Ganache šećerne vune 183

PIĆA 185

81. Šećerna vuna Martini 186
82. Šećerna vuna Margarita 188
83. Cotton Candy Milkshake šalice 190
84. Cotton Candy kava 192
85. Šećerna vuna Frappuccino 194
86. Koktel od bobičaste šećerne vate 196
87. Koktel od šećerne vate od trešnje 198
88. Sanjivi martini od šećerne vune 200
89. Fairy Floss Martini 202
90. Cotton Candy Cream Soda 204
91. Pjenušavi raspršivač šećerne vune 206
92. Kokteli od šećerne vune Blue Lagoon 208
93. Šećerna vuna Vruća čokolada 210
94. Cotton Candy Milkshake 212
95. Pneskalica od šećerne vate 214
96. Soda od šećerne vate i ananasa 216
97. Ledeni čaj od šećerne vune 218
98. Punč šećerne vune 220
99. Limunada od šećerne vune 222
100. Cotton Candy Mocktail 224

ZAKLJUČAK 226

UVOD

Dobro došli u "Prekrasnu kuharicu šećerne vune: prepustite se 100 slatkih fantazija s dekadentnim užicima, živahnim okusima i delikatnim pahuljastim okretajima." Šećerna vuna, svojim eteričnim izgledom i slatkom teksturom koja se topi u ustima, osvaja srca i okusne pupoljke generacijama. U ovoj otkačenoj kuharici pozivamo vas da krenete na putovanje kroz slatku zemlju čudesa, gdje svaki recept obećava očarati i oduševiti.

Šećerna vuna više je od obične karnevalske poslastice; to je simbol radosti, nostalgije i čistog uživanja. Svojim živim bojama i nježnim pahuljastim vrtnjama, šećerna vuna ima moć vratiti nas u bezbrižne dane djetinjstva i izazvati osjećaje sreće i čuđenja. U ovoj kuharici slavimo čaroliju šećerne vune i istražujemo njezine beskrajne mogućnosti u kuhinji.

Od klasičnih okusa poput ružičaste vanilije i plave maline do inventivnih kreacija poput limunade od lavande i mente od lubenice, recepti u ovoj kuharici prikazuju svestranost šećerne vune i njenu sposobnost da svaki desert podigne na nove visine. Bilo da žudite za nečim laganim i voćnim ili dekadentno bogatim i čokoladnim, postoji poslastica inspirirana šećernom vatom za svaku priliku i ukus.

Ali ova je kuharica više od puke zbirke recepata; to je slavlje kreativnosti, mašte i radosti prepuštanja. Bez obzira organizirate li otkačenu čajanku, planirate svečanu rođendansku proslavu ili se jednostavno počastite slatkim užitkom, ovi će recepti sigurno dodati dašak čarolije svakoj prilici.

Dakle, bez obzira jeste li iskusni pekar koji svom repertoaru želi dodati neobičan štih ili početnik željan istraživanja svijeta deserata nadahnutih šećernom vatom, "PREKRASNA KUHARICA ZA ŠEĆERNU VATU" ima nešto za vas. Pripremite se za uživanje u slatkom i oslobađanje vašeg unutarnjeg djeteta dok putujemo kroz svijet slatkih fantazija i dekadentnih užitaka.

DOMAĆA ŠEĆERNA VATA

1. Ručno izvučena šećerna vuna

SASTOJCI:
- 2 šalice šećera
- ¼ šalice kukuruznog sirupa
- ½ žličice octa
- 1 šalica vode
- Prehrambena boja/ekstrakt po izboru
- Puno kukuruznog škroba za premazivanje

UPUTE:
a) Očistite veliku, čistu površinu na kojoj ćete raditi.
b) Posipajte obilato kukuruznim škrobom po površini kako biste spriječili lijepljenje šećerne vune.

NAPRAVITE ŠEĆERNI SIRUP:
c) U loncu pomiješajte šećer, kukuruzni sirup, ocat i vodu.
d) Zagrijte smjesu na srednjoj vatri, miješajući dok se šećer ne otopi.
e) Nakon što se šećer otopi, prestanite miješati i pustite da smjesa zavrije.
f) Upotrijebite termometar za slatkiše i zagrijavajte sirup dok ne dođe do faze tvrdoće (oko 300°F ili 150°C).
g) Maknite sirup s vatre i ostavite da se malo ohladi.
h) Dodajte prehrambenu boju ili ekstrakte po izboru kako biste postigli željenu boju i okus.

ZAVRTI ŠEĆERNU VATU:
i) Umočite prste obje ruke u obojeni i aromatizirani sirup.
j) Držite ruke iznad pripremljene površine i trzajte prstima puštajući sirup da istječe u tankim nitima.
k) Pustite da izmotani šećer padne na površinu, stvarajući mrežu šećerne vune.

POVUCI I OBLIKUJ:
l) Nakon što se iscedi dovoljno šećerne vune, rukama je lagano povucite i oblikujte u veću, pahuljastiju masu.
m) Nastavite povlačiti i oblikovati dok ne postignete željenu veličinu i oblik.

POSLUŽITI ILI PAKIRATI:
n) Skupite izvučenu šećernu vunu u pahuljaste grozdove.
o) Možete ga poslužiti odmah ili pakirati u pojedinačne porcije za kasnije.

2. Strojno izrađena šećerna vuna

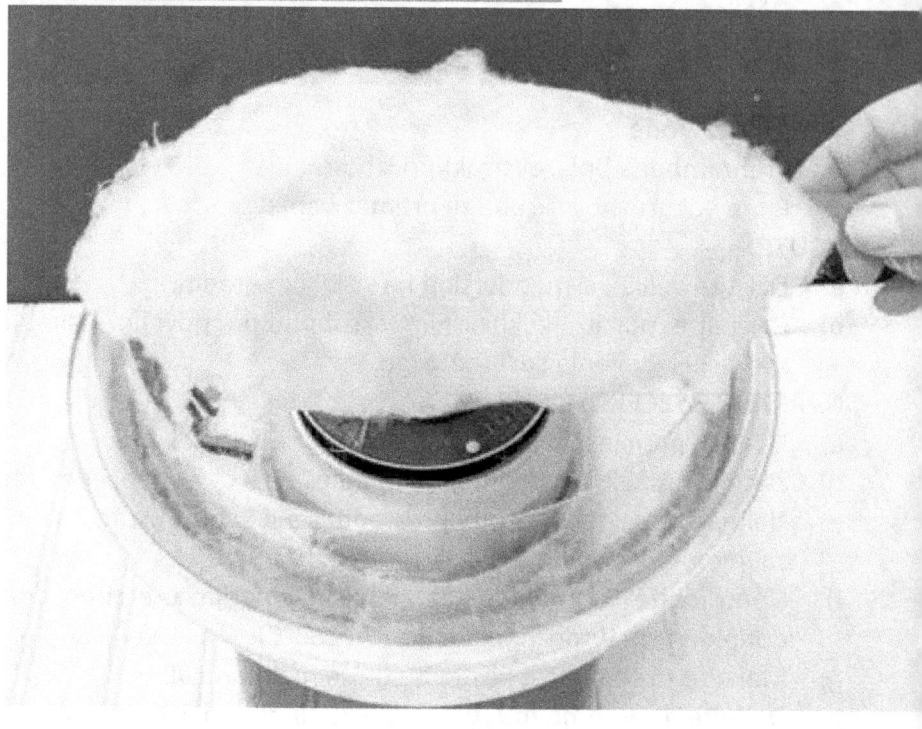

SASTOJCI:
- Konac šećer
- Tvrdi slatkiši

UPUTE:
a) Započnite uključivanjem stroja i ostavite ga da se zagrije 5-10 minuta. Za tvrde bombone dovoljno je zagrijavanje od 5 minuta, dok je za vuneni šećer potrebno 10 minuta.
b) Nakon što se dovoljno zagrije, isključite jedinicu i dodajte ili tvrdi bombon ili šećernu vunu u glavu ekstraktora. Trebaju se upotrijebiti dva tvrda bombona ili mjerica vuna šećera.
c) Ponovno uključite prekidač i vidjet ćete brzo stvaranje delikatnih komadića vate.
d) Držite konus vodoravno iznad vrha jedinice i neprestano ga okrećite kako biste skupili pamuk.
e) Nastavite okretati dok ne skupite svu šećernu vunu.
f) Ponovite postupak s dodatnim kornetima ili nastavite dodavati istom kornetu kako biste dobili značajnu poslasticu od šećerne vune.

DORUČAK

3. Uštipci od šećerne vune s glazurom

SASTOJCI:
ZA BRIOŠ TIJESTO ZA KRAFNE:
- 3 ½ šalice višenamjenskog brašna
- 1 žlica instant kvasca
- ¼ šalice granuliranog šećera
- 1 žlica soli
- ¾ šalice punomasnog mlijeka, zagrijanog
- 2 velika jaja sobne temp
- 2 žličice paste ili ekstrakta mahune vanilije
- 4 žlice neslanog maslaca, na kockice, sobne temp

ZA GLAZURU OD BIJELE ČOKOLADE ŠEĆERNE VUNE:
- 1 šalica bijele čokolade, nasjeckane ili u čipsu
- ¼ šalice gustog vrhnja
- 1 žlica neslanog maslaca, sobne temperature
- ⅛ žličice arome ulja šećerne vune
- ¼ žličice fine soli
- 3-4 kapi ružičaste boje za slatkiše
- ¼ šalice posipa, za kraj

UPUTE:
ZA BRIOŠ TIJESTO ZA KRAFNE:
a) Pomiješajte brašno, kvasac, šećer i sol u zdjeli miksera. Umutite dok se dobro ne sjedini.
b) Lagano zagrijte mlijeko na 100 F. Provjerite temperaturu termometrom.
c) Lagano umutiti jaja u mlijeko, dodati vaniliju i sjediniti sa suhim sastojcima.
d) Kukicom za tijesto miješajte i mijesite na niskoj do srednjoj brzini 30 minuta.
e) Nakon 30 minuta nastaviti miksati dodajući kockice maslaca sobne temperature, kockicu ili dvije odjednom. Pustite da se maslac uklopi prije dodavanja još. Nastavite dok se sav maslac ne sjedini.
f) Ostavite da se miješa dodatnih 10 minuta.
g) Izvadite tijesto, oblikujte malo stisnutu kuglu, stavite u malo nauljenu zdjelu, pokrijte i dižite sat vremena.
h) Udubite tijesto i preklopite kao u koraku 7.

i) Vratite u zdjelu, pokrijte plastičnom folijom i ostavite u hladnjaku preko noći.
j) Nakon najmanje 6 sati hlađenja, razvaljajte tijesto u okrugli oblik od 12 inča. Vratite u hladnjak na 20 minuta.
k) Koristeći pobrašnjeni rezač za krafne, pritisnite ravno prema dolje da izrežete krafne. Izrezane krafne prebacite na papir za pečenje u pleh.
l) Dokazivati u toploj, vlažnoj okolini sat vremena.
m) Zagrijte ulje na 325 F. Pažljivo spustite krafne u ulje koristeći pergament papir za minimalno ometanje. Pržite do zlatne boje, okrenite i ocijedite.

ZA GLAZURU ZA KRAFNE OD BIJELE ČOKOLADE ŠEĆERNE VATNE:

n) U zdjelu za miješanje stavite bijelu čokoladu, maslac i prstohvat soli.
o) Vrhnje zagrijte na pari, prelijte preko čokolade i ostavite da odstoji 5 minuta.
p) Dodajte ulje šećerne vune i miješajte dok ne postane glatko. Po želji dodajte boju za slatkiše.
q) Umočite krafne u glazuru i završite posipom. Domaća šećerna vuna nije obavezna, ali je divna.

4.Vafli s glazurom od šećerne vate

SASTOJCI:
- 3 ¼ šalice višenamjenskog brašna ili integralnog pšeničnog brašna
- 2 mjerice proteina u prahu, okus šećerne vune
- 2 žlice praška za pecivo
- 1 žličica soli
- 2 ¼ šalice mlijeka
- 2 jaja
- 3 žlice maslaca ili kokosovog ulja, otopljenog
- 3 prehrambene boje po izboru
- Sprej ulje

UPUTE:
a) Umutiti suhe sastojke u velikoj zdjeli.
b) Dodajte mlijeko, jaja i otopljeni maslac (ili kokosovo ulje) i miješajte dok ne ostanu grudice.
c) Odvojite tijesto u tri plastične vrećice veličine litre.
d) U svaku vrećicu dodajte 4-5 kapi prehrambene boje, zatvorite je i rukama miješajte s vanjske strane vrećice dok ne dobijete jednu gustu boju.
e) Ponovite za ostale vrećice/boje. Zagrijte pekač za mini vafle i pošpricajte neljepljivim sprejom.
f) Odrežite mali kut svake vrećice i iscrtajte vijugave linije preko glačala za vafle, ponovite s ostalim bojama.
g) Zatvorite vrh i kuhajte samo dok tijesto ne postane čvrsto. Ne želite se prekuhati ili će postati smeđe boje. Poslužite sa svježim voćem!

5.Parfe za doručak sa šećernom vunom

SASTOJCI:
- grčki jogurt
- Granola
- Svježe bobice
- Šećerna vuna

UPUTE:
a) U čašu ili zdjelu rasporedite grčki jogurt, granolu, svježe bobičasto voće i male komadiće šećerne vune.
b) Ponavljajte slojeve dok se čaša ili posuda ne napune.
c) Na vrh stavite dodatni posip granole i komadić šećerne vune.
d) Poslužite odmah i uživajte u svom divnom parfe doručku od šećerne vune!

6.Souffle palačinka od šećerne vate

SASTOJCI:
PAMUČNA SOUFFLE PALAČINKA:
- 4 jaja, odvojena
- ½ šalice granuliranog šećera, zagrijanog
- Obojeni šećer
- ½ šalice brašna
- 6 žlica mlijeka
- ¾ žličice praška za pecivo
- Ulje, za prženje

UKRASITI:
- Jagode
- Borovnice
- Umak od jagoda

UPUTE:
a) U velikoj zdjeli za miješanje miksajte žumanjke dok ne postanu blijede boje.
b) U žumanjke postupno dodajte mlaki kristalni šećer i dalje miksajte dok se smjesa dobro ne sjedini i malo zgusne.
c) Po smjesi žumanjaka pospite obojeni šećer i nježno je umiješajte, ravnomjerno sjedinjujući.
d) Prosijte brašno i lagano ga umiješajte u smjesu žumanjaka dok se ne sjedini.
e) U posebnoj zdjeli pomiješajte mlijeko i prašak za pecivo. Postupno dodajte ovu smjesu u smjesu od žumanjaka, miješajući dok ne postane glatka.
f) U drugoj čistoj, suhoj posudi umutite bjelanjke dok se ne stvore čvrsti snijeg.
g) Pažljivo umiješajte tučene bjelanjke u tijesto, osiguravajući laganu i pahuljastu konzistenciju.
h) Zagrijte neprianjajuću tavu ili rešetku na srednje niskoj temperaturi i lagano premažite uljem.
i) Žlicom stavljajte dio tijesta na tavu, oblikujući okrugle palačinke. Kuhajte dok se rubovi ne počnu stvrdnjavati, a dno ne porumeni.
j) Pažljivo okrenite palačinke i pecite drugu stranu dok ne porumene i budu pečene.
k) Izvadite palačinke iz tave i složite ih na tanjur za posluživanje.
l) Ukrasite svježim jagodama i borovnicama i pokapajte umakom od jagoda za dodatni okus.
m) Odmah poslužite Souffle palačinke od šećerne vate i uživajte u prekrasnoj kombinaciji pahuljaste teksture i voćne slatkoće.

7.Proteinski puding od šećerne vate

SASTOJCI:
- 11,2 unce kreme s okusom šećerne vune
- 2 žlice proteinskog praha s okusom vanilije
- 1 žličica čistog ekstrakta vanilije
- ½ žličice kristala crvene cikle (po želji za boju)
- Prstohvat soli
- Monk voćni zaslađivač bez šećera (po izboru)
- ¼ šalice bijelih chia sjemenki
- Izborni dodaci: bobičasto voće, šećerna vuna grožđe, granola, kokosov čips s okusom matcha lattea, hrskavi kolačići ili dodaci po vašoj želji

UPUTE:
a) U zdjeli ili posudi blendera pomiješajte vrhnje ili mlijeko, proteinski prah, ekstrakt vanilije, kristale crvene cikle i sol. Umutiti ili pomiješati na visokoj razini dok se temeljito ne izmiješa. Zasladite po svom ukusu.
b) Dodajte chia sjemenke i miksajte ili blendajte dok se ne sjedine. Alternativno, potpuno izmiksajte ako više volite glađu teksturu pudinga.
c) Premjestite smjesu u zdjelu ili je podijelite u staklenke za jednu porciju, a zatim poklopite.
d) Ostavite da odstoji 10 minuta, zatim dobro umutite ili protresite, ponovno pokrijte i stavite u hladnjak preko noći.
e) Ujutro dobro promiješajte i prilagodite slatkoću i/ili mlijeko željenom okusu i gustoći.
f) Poslužite ohlađeno ili toplo s dodacima po želji.
g) Ostaci se mogu čuvati u hermetički zatvorenoj posudi u hladnjaku 3 do 4 dana.

8. Bagel za doručak sa šećernom vunom

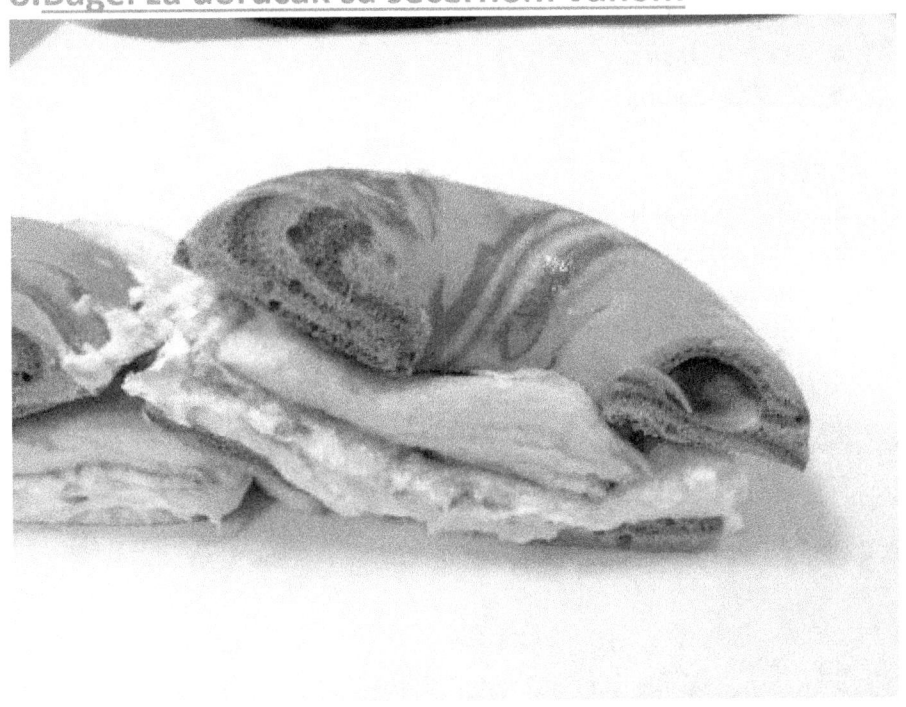

SASTOJCI:
- Bagels u duginim bojama
- Kremasti sir
- Šećerna vuna

UPUTE:
a) Pecite bagele dok ne postignu željenu razinu hrskavosti.
b) Namažite izdašan sloj krem sira na svaku polovinu tostiranog peciva.
c) Stavite male komadiće šećerne vune na kremu od sira.
d) Uživajte u svom jedinstvenom i ukusnom kolaču za doručak od šećerne vune!

9.Francuski tost od šećerne vune

SASTOJCI:
- 4 kriške kruha (po mogućnosti brioša)
- 2 velika jaja
- ½ šalice mlijeka
- 1 žličica ekstrakta vanilije
- ¼ žličice soli
- ¼ žličice mljevenog cimeta
- Aroma ili ekstrakt šećerne vune (nekoliko kapi, po ukusu)
- Šećerna vuna (za ukras)
- Javorov sirup (za posluživanje)

UPUTE:
a) U plitkoj zdjeli pomiješajte jaja, mlijeko, ekstrakt vanilije, sol, mljeveni cimet i nekoliko kapi arome šećerne vune dok se dobro ne sjedini.
b) Zagrijte neprijanjajuću tavu ili rešetku na srednje jakoj vatri.
c) Umočite svaku krišku kruha u smjesu jaja, pazeći da su obje strane ravnomjerno obložene.
d) Stavite premazane kriške kruha na vruću tavu i pecite dok ne porumene s obje strane, otprilike 2-3 minute po strani.
e) Kad su pečene, premjestite kriške francuskog tosta na tanjure za posluživanje.
f) Ukrasite svaku krišku s velikom količinom šećerne vune dok je francuski tost još topao, dopuštajući mu da se malo otopi.
g) Prelijte javorovim sirupom za dodatnu slatkoću.
h) Poslužite odmah i uživajte u svom prekrasnom francuskom tostu od šećerne vune s naletom okusa šećerne vune!

10. Kroasani punjeni šećernom vunom

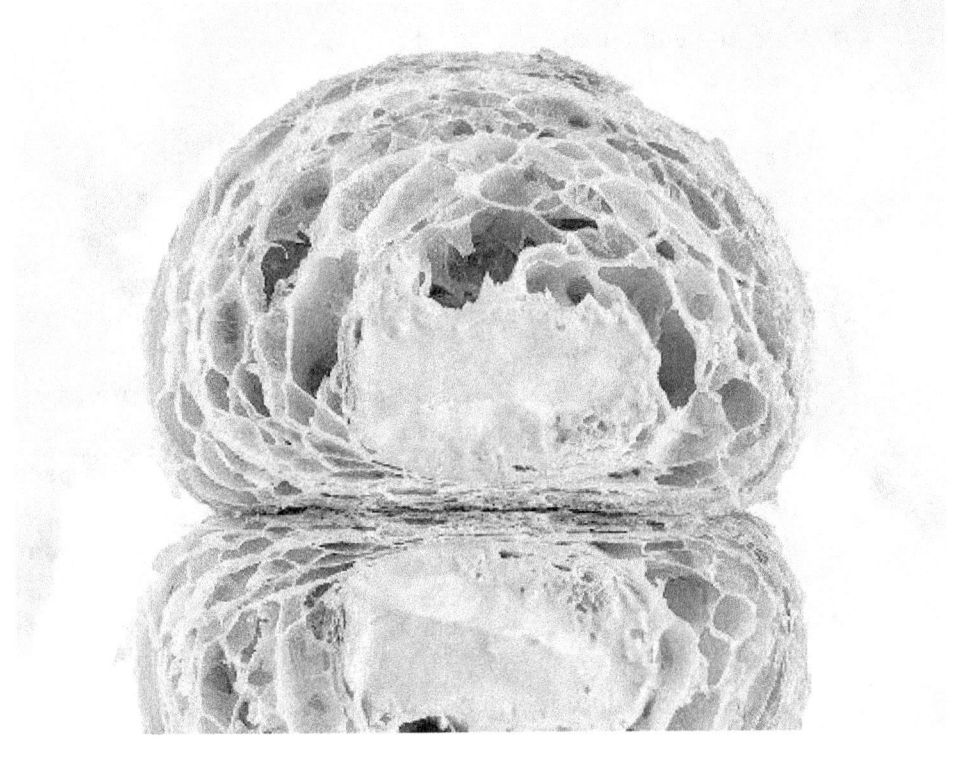

SASTOJCI:
- 1 paket ohlađenog tijesta za kroasane
- Šećerna vuna (okus po izboru)
- Šećer u prahu (po želji, za posipanje)

UPUTE:
a) Zagrijte pećnicu prema uputama na pakiranju tijesta za kroasane.
b) Razvaljajte tijesto za kroasan i razdvojite ga na pojedinačne trokute.
c) Uzmite malu količinu šećerne vune i stavite je na širi kraj svakog trokuta kroasana.
d) Smotajte kroasane, počevši od širokog kraja i uvucite sa strane kako biste zatvorili šećernu vunu unutra.
e) Nadjevene kroasane stavite na pleh obložen papirom za pečenje, ostavljajući razmak između svakog.
f) Kroasane pecite u prethodno zagrijanoj pećnici prema uputama na pakiranju ili dok ne porumene.
g) Kad su pečeni, kroasane izvadite iz pećnice i ostavite da se malo ohlade.
h) Po želji: punjene kroasane pospite šećerom u prahu za dodatnu slatkoću.
i) Poslužite kroasane punjene šećernom vunom tople i uživajte u gnjecavom iznenađenju od šećerne vate!

11. Parfe od šećerne vate i jogurta

SASTOJCI:
- 1 šalica jogurta od vanilije
- Ružičasta šećerna vuna
- Plava šećerna vuna
- Graham krekeri, mljeveni

UPUTE:
a) Uzmite čašu ili zdjelu za posluživanje da sastavite svoj parfe.
b) Započnite dodavanjem sloja jogurta od vanilije na dno čaše.
c) Stavite malu količinu zdrobljenih Graham krekera na vrh jogurta kako biste stvorili lijepu teksturu.
d) Sada dodajte sloj ružičaste šećerne vune preko Graham krekera i jogurta.
e) Nastavite s još jednim slojem jogurta od vanilije, osiguravajući ravnomjernu raspodjelu.
f) Po vrhu drugog sloja jogurta pospite još zdrobljenih Graham krekera.
g) Dodajte sloj plave šećerne vune preko Graham krekera.
h) Ponavljajte postupak dok ne dođete do vrha čaše, završavajući završnim slojem šećerne vune.
i) Po želji, vrh ukrasite malim komadićem šećerne vune za dodatni ukras.
j) Poslužite odmah i uživajte u svom divnom parfeu od šećerne vate i jogurtu!

12. Sundas za doručak

SASTOJCI:
- 1 šalica žitarica Cotton Candy Crunch
- 1 šalica jogurta od vanilije
- 1 šalica miješanog svježeg bobičastog voća (jagode, borovnice, maline)
- Šlag
- 2 žlice meda ili javorovog sirupa (po želji)
- Posipi za ukrašavanje (po želji)

UPUTE:
a) Započnite tako što ćete dno svoje posude za posluživanje obložiti obilnom porcijom Cotton Candy Crunch žitarica.
b) Žlicom nanesite sloj jogurta od vanilije preko žitarica, osiguravajući ravnomjernu raspodjelu.
c) Dodajte sloj miješanog bobičastog voća na vrh jogurta.
d) Ponavljajte slojeve dok ne dođete do vrha posude, a završite sa završnim slojem žitarica Cotton Candy Crunch.
e) Stavite vrhnje za šlag na vrh svakog sladoleda.
f) Po želji pokapajte med ili javorov sirup preko šlaga za dodatnu slatkoću.
g) Ukrasite posipom za zabavan i šaren dodir.
h) Poslužite odmah i uživajte u svom divnom sladoledu za doručak!

13. Zdjela za smoothie od šećerne vate

SASTOJCI:
- 2 smrznute banane
- 1 šalica jagoda
- 1/2 šalice mlijeka ili alternativa bez mliječnih proizvoda
- Aroma šećerne vune ili prava šećerna vuna
- Granola
- Svježe voće (po želji)

UPUTE:
a) U blenderu pomiješajte smrznute banane, jagode i mlijeko.
b) Miješajte dok ne postane glatko.
c) Ulijte smoothie u posudu.
d) Po vrhu stavite komadiće šećerne vune, granole i svježeg voća po želji.
e) Uživajte u zdjeli za smoothie od šećerne vune!

14. Palačinke za doručak od šećerne vate

SASTOJCI:
- Tijesto za palačinke
- Kremasti sir
- Šećerna vuna
- Šećer u prahu (po želji)

UPUTE:
a) Pripremite tijesto za palačinke po svom omiljenom receptu.
b) Skuhajte palačinke u tavi koja se ne lijepi.
c) Kad je pečena, svaku palačinku premažite tankim slojem krem sira.
d) Pospite male komadiće šećerne vune preko kreme od sira.
e) Smotajte palačinke.
f) Po želji posuti šećerom u prahu.
g) Poslužite i uživajte u svojim palačinkama za doručak od šećerne vune!

15. Muffini za doručak sa šećernom vunom

SASTOJCI:
- Tijesto za muffine (borovnica ili vanilija)
- Šećerna vuna

UPUTE:
a) Zagrijte pećnicu prema uputama za recept za muffine.
b) Pripremite tijesto za muffine prema uputama.
c) Svaku posudicu za muffine do pola napunite tijestom.
d) Stavite mali komadić šećerne vune u sredinu svake čaše za muffine.
e) Dodajte još tijesta na vrh da prekrijete šećernu vunu.
f) Pecite prema uputama za recept za muffine.
g) Nakon što se ohlade, za doručak ćete imati muffine iznenađenja punjene šećernom vunom!

16.Mini krafne sa šećernom vunom

SASTOJCI:
ZA KRAFNE:
- 2 šalice mješavine za šećerne kolačiće šećerne vune
- ¼ žličice sode bikarbone
- ⅛ žličice soli
- 2 jaja
- 3 žlice biljnog ulja
- ⅓ šalice grčkog jogurta šećerne vate

ZA GLAZURU:
- 5 žlica mlijeka
- ½ žličice vanilije
- 1 čajna žličica mješavine okusa šećerne vune
- 2 šalice šećera u prahu
- Prskalice

UPUTE:
ZA KRAFNE:
a) Zagrijte pećnicu na 375ºF i namastite posudu za male krafne neljepljivim sprejom za kuhanje.
b) U velikoj zdjeli pomiješajte smjesu za šećerne kolačiće, sodu bikarbonu i sol. Dodajte jaja, ulje i jogurt i miješajte dok se ne sjedini.
c) Ulijte tijesto u veliku plastičnu vrećicu s patentnim zatvaračem. Odrežite vrh jednog od donjih uglova i napunite svaki spremnik za krafne otprilike do pola.
d) Pecite u pećnici 7-8 minuta ili dok krafne ne poskoče na lagani dodir. Ostavite krafne da se ohlade u kalupu za krafne 3 minute prije nego što ih prebacite na rešetku da se potpuno ohlade.

ZA GLAZURU:
e) Pomiješajte mlijeko, vaniliju i mješavinu okusa u malom loncu i zagrijavajte na laganoj vatri dok se ne zagrije.
f) U mliječnu smjesu prosijte šećer u prahu. Polako miješajte dok se dobro ne sjedini.

ZA SASTAVLJANJE:
g) Maknite glazuru s vatre i stavite je na zdjelu vruće vode.
h) Umočite vrhove krafni u glazuru, jednu po jednu, i stavite ih na žičanu rešetku s voštanim papirom ispod kako biste uhvatili kapljice. Odmah po vrhu pospite. Glazura se stvrdne za nekoliko sekundi, pa svakako dodajte posip prije nego umočite još krafni.
i) Ostavite krafne da se stegne 5 minuta prije posluživanja.
j) Krafne će ostati svježe i mekane u hermetički zatvorenoj posudi do 4 dana.

17. Složena palačinka šećerne vune

SASTOJCI:
- Mješavina za palačinke (ili domaće tijesto)
- Šećerna vuna
- javorov sirup

UPUTE:
a) Tijesto za palačinke pripremite prema uputama na pakiranju ili prema omiljenom receptu.
b) Pecite palačinke na ringli ili tavi.
c) Slažite palačinke na tanjur, stavljajući male komadiće šećerne vune između svakog sloja.
d) Prelijte javorovim sirupom.
e) Uživajte u pahuljastoj hrpi palačinki od šećerne vune!

18. Smoothie za doručak od šećerne vate

SASTOJCI:
- 1 šalica jogurta od vanilije
- 1/2 šalice mlijeka ili alternativa bez mliječnih proizvoda
- 1 šalica smrznutog miješanog bobičastog voća
- 1/2 šalice šećerne vune
- Kocke leda

UPUTE:
a) U blenderu pomiješajte jogurt od vanilije, mlijeko, smrznuto miješano bobičasto voće, šećernu vunu i kockice leda.
b) Miješajte dok ne postane glatko i kremasto.
c) Ulijte u čaše i odmah poslužite.
d) Po želji ukrasite malim komadićem šećerne vune rub svake čaše.

19.Tost za doručak sa šećernom vunom

SASTOJCI:
- Narezan kruh
- Kremasti sir
- Šećerna vuna

UPUTE:
a) Tostirajte kriške kruha dok ne porumene.
b) Svaku krišku tosta namažite slojem krem sira.
c) Stavite male komadiće šećerne vune na kremu od sira.
d) Po želji, vilicom nježno utisnite šećernu vunu u kremu od sira kako bi se bolje zalijepila.
e) Poslužite odmah i uživajte u svom otkačenom tostu za doručak od šećerne vune!

20.Zobena kaša za doručak za šećernu vunu

SASTOJCI:
- Zob
- Mlijeko ili voda
- Šećerna vuna

UPUTE:
a) Skuhajte zob prema uputama na pakiranju, u mlijeku ili vodi.
b) Nakon što je zob kuhana, umiješajte male komadiće šećerne vune dok se ne otope i umiješaju u zobenu kašu.
c) Ostavite zobene pahuljice da se malo ohlade prije posluživanja.
d) Po želji, na vrh dodajte šećernu vunu za dodatnu slatkoću.
e) Uživajte u svojoj utješnoj zobenoj kaši za doručak sa šećernom vatom!

GRICOLE

21. Zalogaji pereca od šećerne vune

SASTOJCI:
- 4 unce krem sira, omekšalog
- ½ žličice mješavine za glazuru žvakaće gume (ili 1 žličica želea od jagoda)
- ½ žličice šećerne vune mješavine za glazuru (ili 1 žličica berry blue Jello)
- 3 šalice šećera u prahu
- Mini pereci
- 1 šalica otopljene bijele čokolade
- Crvene, bijele i plave mrlje (po izboru)

UPUTE:
a) U jednoj zdjeli pomiješajte polovicu krem sira, mješavinu žvakaće gume i 1 ½ šalicu šećera u prahu. Tucite dok ne dobijete tijesto.
b) U drugoj zdjeli pomiješajte drugu polovicu krem sira, mješavinu šećerne vune i preostali šećer u prahu. Tucite dok ne dobijete tijesto.
c) Crveno i plavo tijesto razvaljajte u loptice od jednog inča i svaku lopticu pritisnite između dva pereca. Pola prezli napraviti od crvenog, a pola od plavog tijesta. Ako je tijesto premekano za rad, ohladite ga oko 15-30 minuta prije nego što ga stavite između pereca.
d) Nakon što su pereci složeni, ostaviti u hladnjaku oko 30 minuta.
e) Polovicu svakog pereca umočite u otopljenu bijelu čokoladu i dodajte posipe na vrh.
f) Pustite da se čokolada stegne (ako želite možete ohladiti) i pohranite komadiće pereca u hermetički zatvorenu posudu.

22. Cotton Candy kokice

SASTOJCI:
- Pakiranje od 16 unci marshmallowa ili bombona od vanilije
- 12 šalica kuhanih kokica, podijeljeno
- ¼ šalice posipa
- 2 šalice šećerne vune, natrgane na male komadiće
- 3 unce plavog slatkiša se topi
- 3 unce ružičastog slatkiša se topi

UPUTE:
a) Otopite Marshmallow ili Vanilla Candy Melts:
b) U posudi prikladnoj za mikrovalnu pećnicu, slijedite upute na pakiranju da otopite marshmallow ili bombone od vanilije.
c) Stavite 8 šalica prženih kokica u veliku zdjelu.
d) Prelijte rastopljeni premaz od marshmallowa preko kokica, miješajući dok svako zrno ne bude ravnomjerno obloženo.
e) Nježno umiješajte natrgane komadiće šećerne vune u obložene kokice, osiguravajući divnu raspodjelu.
f) Rasporedite kokice obložene šećernom vatom na obložen lim za pečenje i obilato pospite omiljenim posipima. Pustite da se kokice ohlade, stvarajući savršenu fuziju tekstura.
g) U dvije odvojene posude otopite plavi i ružičasti premaz od slatkiša.
h) Preostale 4 šalice kokica ravnomjerno podijelite u dvije zdjele, stavljajući po 2 šalice u svaku.
i) Prelijte plavi premaz preko kokica u jednoj posudi, a ružičasti premaz preko kokica u drugoj. Miješajte dok svako zrno kokica ne bude temeljito obloženo.
j) Kokice obložene plavom i ružičastom bojom rasporedite na zasebne obložene limove za pečenje, ostavite ih da se ohlade i stvrdnu.
k) Kombinirajte bijele, ružičaste i plave varijante kokica u skladnu mješavinu koja obećava nalet okusa u svakom zalogaju.

23. Slatkiši od šećerne vune i riže Krispie

SASTOJCI:
- 3 žlice neslanog maslaca
- 1 paket od 10 unci Mini marshmallows kolačića
- 1 spremnik od 1,5 unce ružičaste šećerne vune
- 6 šalica žitarica tipa Rice Krispies
- Ružičaste, crvene i bijele mrlje

UPUTE:
a) Tepsiju 9 x 13 ili lim za pečenje obložite papirom za pečenje.
b) Zagrijte maslac u velikom loncu na srednje niskoj temperaturi. Kad se maslac otopi dodajte marshmallows. Stalno miješajte dok se marshmallows ne otopi.
c) Maknite posudu sa štednjaka. Smanjite vatru na nisku i dodajte šećernu vunu u vrlo malim komadićima, miješajući između svakog dodavanja. Miješajte dok se sva šećerna vuna ne otopi.
d) Dodajte žitarice u tavu i miješajte dok se svi sastojci dobro ne sjedine.
e) Raširite smjesu žitarica po tavi. Smjesu utisnite u pleh dok ne postane čvrsta.
f) Ukrasite posipima i po želji rukom utisnite posipe u poslastice Rice Krispie.
g) Ostavite poslastice da se potpuno ohlade, oko 30 minuta, prije rezanja na ploške.

24. Woopie pite od šećerne vune

SASTOJCI:
- 1 konfeti mješavina za kolače
- ½ šalice neslanog maslaca, otopljenog
- 1 veliko jaje
- 1 limenka Frosting Creations Frosting Starter
- 1 paketić mješavine okusa šećerne vune

UPUTE:
a) Zagrijte pećnicu na 350 stupnjeva.
b) U zdjeli za miješanje pomiješajte smjesu za kolače, otopljeni maslac i jaje dok ne dobijete mekano tijesto. Ohladite tijesto 20-30 minuta.
c) Razvaljajte tijesto u kuglice od 1 inča i pecite 9 minuta. Ohladite na rešetki. Ovaj recept čini 48 kolačića.
d) Pomiješajte glazuru i paketić okusa šećerne vate.
e) Položite 24 kolačića naopako. Stavite žlicu glazure na kolačiće i na vrh stavite preostala 24 kolačića.
f) Čuvati u zatvorenoj posudi na pultu 4-5 dana.

25. Cotton Candy S'mores

SASTOJCI:
- Marshmallow ili Marshmallow Fluff
- Šećerna vuna
- Graham krekeri
- Prskalice

UPUTE:
a) Ako koristite marshmallows, pecite ih na otvorenoj vatri dok ne porumene i postanu gnjecavi. Ako koristite marshmallow paperje, možete ga namazati izravno na graham krekere.
b) Uzmite komad šećerne vune i stavite ga na pečeni marshmallow ili marshmallow paperje.
c) Lagano pritisnite još jedan graham kreker na vrhu kako biste napravili sendvič.
d) Po želji, uvaljajte rubove šećerne vune u posute za dodatnu boju i slatkoću.

26.Cotton Candy Puppy Chow

SASTOJCI:
- 9 šalica Chex žitarica (riža, kukuruz ili mješavina)
- 1 šalica komadića bijele čokolade
- ½ šalice kremastog maslaca od kikirikija
- ¼ šalice neslanog maslaca
- 1 žličica ekstrakta vanilije
- 1 ½ šalice šećera u prahu
- 1 ½ šalice šećerne vune (izlomljene na male komadiće)

UPUTE:
a) U veliku zdjelu izmjerite Chex žitarice i ostavite sa strane.
b) U zdjeli prikladnoj za mikrovalnu pomiješajte komadiće bijele čokolade, maslac od kikirikija i maslac. Stavite u mikrovalnu u intervalima od 30 sekundi, miješajući svaki dok se ne otopi i postane glatka.
c) U rastopljenu smjesu umiješajte ekstrakt vanilije.
d) Prelijte otopljenu smjesu preko Chex žitarica, nježno savijajući dok žitarice ne budu ravnomjerno obložene.
e) U veliku plastičnu vrećicu dodajte šećer u prahu.
f) Prebacite obložene Chex žitarice u vrećicu sa šećerom u prahu, zatvorite vrećicu i protresite dok žitarice nisu dobro obložene.
g) Žitarice obložene šećerom u prahu raširite na pleh obložen papirom za pečenje da se ohlade.
h) Nakon što se smjesa žitarica ohladi, ubacite komadiće šećerne vune, pazeći da su ravnomjerno raspoređeni.
i) Ostavite hranu za štene da se potpuno stegne prije posluživanja.
j) Čuvati u hermetički zatvorenoj posudi.

27. Cotton Candy Rogovi jednoroga

SASTOJCI:
- Šećerna vuna (razne boje)
- Bijela čokolada ili bombon se topi
- Jestivo svjetlucanje ili posip (po izboru)

UPUTE:
a) Uzmite malu količinu šećerne vune i razvaljajte je u tanki, izduženi oblik kako biste oblikovali rog jednoroga. Ponovite s različitim bojama ako želite efekt više boja.
b) Otopite komadiće bijele čokolade ili bombone prema uputama na pakiranju.
c) Umočite bazu svakog roga šećerne vune u otopljenu bijelu čokoladu kako biste stvorili čvrstu i stabilnu bazu.
d) Ako želite, mokru čokoladu pospite jestivim šljokicama ili šarenim mrljama za dodatnu dekoraciju.
e) Rogove jednoroga stavite na pleh ili tanjur obložen pergamentom i ostavite da se čokolada stegne i stvrdne.
f) Nakon što se čokolada stvrdne, vaši rogovi jednoroga od šećerne vate spremni su za uživanje!

28.Kuglice za grickalice šećerne vune

SASTOJCI:
- 2 šalice žitarica s okusom šećerne vune (kao što je Cotton Candy Crunch)
- 1 šalica marshmallowa
- 2 žlice neslanog maslaca
- ½ šalice šećerne vune (za dodatni okus i dekoraciju)
- Posip (po želji, za dodatnu dekoraciju)

UPUTE:
a) U veliku zdjelu za miješanje izmjerite 2 šalice žitarica s okusom šećerne vune. Staviti na stranu.
b) U zdjeli prikladnoj za mikrovalnu pomiješajte marshmallows i neslani maslac. Stavite u mikrovalnu pećnicu u intervalima od 30 sekundi, između vremena miješajući, dok se marshmallows potpuno ne otopi i dobro poveže s maslacem.
c) Prelijte otopljenu mješavinu marshmallowa preko žitarica s okusom šećerne vune i brzo promiješajte dok žitarice ne budu ravnomjerno obložene.
d) Pustite da se smjesa malo ohladi, ali ne do kraja jer želite da bude podatna za oblikovanje kuglica.
e) Rukama premazanim maslacem ili sprejom za kuhanje da se ne lijepe oblikujte smjesu u male kuglice. Ako želite, umetnite komadić šećerne vune u sredinu svake kuglice za dodatni okus.
f) Po izboru: kuglice za grickalice od šećerne vune uvaljajte u dodatnu šećernu vunu ili posute za ukrašavanje.
g) Stavite kuglice za grickalice na pladanj obložen pergamentom, ostavite da se ohlade i potpuno ih složite.
h) Jednom postavljene, vaše kuglice od šećerne vate su spremne za uživanje!

29. Šećerna vuna Krispie pločice

SASTOJCI:
- 4 žlice slanog maslaca plus dodatna 1/2 žlice za podmazivanje posude
- Vrećice marshmallowa/mini marshmallowa od 10 unci
- 3 šalice žitarica Rice Krispie
- 3 šalice šećerne vune plus 1/2 šalice dodatno za preljev
- 1/2 šalice komadića bijele čokolade
- 1 žličica kokosovog ulja

UPUTE:
a) Tepsiju veličine 8×8 inča namažite maslacem ili obložite papirom za pečenje. Ako koristite pergamentni papir, lagano ga premažite neljepljivim sprejom. Staviti na stranu.
b) U veliku zdjelu dodajte Rice Krispie pahuljice i ostavite sa strane.
c) Otopite maslac na srednjoj vatri u vrlo velikom loncu ili tavi koja se ne lijepi. Nakon što se otopi, dodajte marshmallows. Pomoću gumene lopatice ili drvene kuhače miješajte smjesu dok se marshmallows potpuno ne otopi.
d) Maknite s vatre, a zatim odmah izvadite polovicu smjese u zdjelu za rižin krispie i preklopite pomoću lopatice. Provjerite je li svaki komad žitarica obložen mješavinom marshmallowa. [Bit će jako ljepljivo]
e) Zatim obrišite višak i zatim dodajte Cap'n Crunch žitarice u smjesu u tavi. Ponovo provjerite je li svaki komad žitarica obložen mješavinom marshmallowa.
f) Prebacite rižinu smjesu za Krispie u pripremljenu posudu. Pomoću gumene lopatice (pomaže lagano podmazivanje) nježno rasporedite smjesu tako da stane u tavu. Lagano namastite poleđinu ravne lopatice i vrlo nježno utisnite smjesu u posudu. Nemojte ga nabijati na silu, samo lagano pritisnite prema dolje kako bi bio siguran u posudi.
g) Učinite isto za Cap'n Crunch smjesu i na tom vrhu. Dodajte preostale Cap'n Crunch žitarice (1/2 šalice) na vrh da pokrijete sve praznine i lagano pritisnite. Video ovdje

h) Ostavite poslastice da se stvrdnu najmanje 1 sat na sobnoj temperaturi i najviše 1 dan. Čvrsto pokrijte ako ostavite vani dulje od nekoliko sati.
i) Podignite rižin krispie poslastice kao cjelinu iz posude pomoću papira za pečenje.
j) Ako koristite metodu Butter pan. Koristite malu dasku za rezanje ili ravnu ploču i stavite je licem prema dolje na vrh čovjeka. Zatim okrenite tavu naopako i uklonite posudu koja će osloboditi poslasticu. Zatim stavite drugu dasku za rezanje ili tanjur na vrh i ponovno okrenite.
k) Izrežite na kvadrate devet kvadratnih. [Pogledajte slike korak po korak da vidite kako to izjednačiti]
l) U malu zdjelu za mikrovalnu dodajte komadiće čokolade i kokosovo ulje. Zatim stavite u mikrovalnu na 30 sekundi do 1 minute. Malom žličicom miješajte dok se potpuno ne otopi.
m) Čajnom žličicom nakapajte svaku pločicu u cik-cak obliku. [Pogledajte slike ispod] Video ovdje
n) Pokrijte i čuvajte ostatke poslastica na sobnoj temperaturi do 3 dana. Za pohranu stavite u slojeve između listova pergamenta ili voštanog papira.

30. Cirkuski kolačići šećerne vune

SASTOJCI:
ZA ŠEĆERNO TIJESTO PAMUKA:
- 2 šalice višenamjenskog brašna
- 1 šalica šećera od šećerne vune (šećer u boji)
- 1 šalica neslanog maslaca, omekšalog
- 1 šalica komadića bijele čokolade

ZA PUNJENJE:
- Šećerna vuna za nadjev (razne boje)
- Smrznuti krekeri sa životinjama

ZA GLAZIRANJE:
- 1 šalica šećera u prahu
- 2 žlice neslanog maslaca, omekšalog
- 2 žlice mlijeka
- ½ žličice ekstrakta vanilije
- Šareni posipi (po želji, za dekoraciju)

UPUTE:
PRIPREMITE ŠEĆERNO TIJESTO ZA PAMUK:
a) U zdjeli za miješanje pomiješajte omekšali maslac i šećernu vunu dok se dobro ne sjedine.
b) Postupno dodajte brašno, miješajte dok se ne dobije tijesto.
c) Ubacite komadiće bijele čokolade.
d) Tijesto podijelite na jednake dijelove i oblikujte ih u krugove. Stavite u hladnjak na 30-tak minuta.
e) Zagrijte pećnicu na 350°F (180°C).

SASTAVI I PECI:
f) Svako ohlađeno tijesto uzmite u krug i poravnajte. Stavite malu količinu šećerne vune u sredinu i preklopite tijesto kako biste omotali šećernu vunu.
g) Nadjeveno tijesto stavite na pleh obložen papirom za pečenje.
h) Pecite 10-12 minuta ili dok rubovi ne postanu lagano zlatni. Ostavite ih da se potpuno ohlade.

PRIPREMITE GLAZUR:
i) U zdjeli izmiješajte šećer u prahu, omekšali maslac, mlijeko i ekstrakt vanilije dok ne postane glatko.

ZAMRZNITE I UKRASITE:
j) Nakon što se kolačići ohlade, premazati glazurom po vrhu svakog kolačića.
k) Ukrasite šarenim mrljama za svečani štih.

DODAJTE ZALEĐENE ŽIVOTINJSKE KREKERE:
l) Lagano utisnite krekere s glazurom u glazuru na vrhu svakog kolačića.
m) Pustite da se glazura stegne i uživajte.

31.Štapići za perece od šećerne vate

SASTOJCI:
- Šipke za perece
- Bijeli čokoladni čips
- Šećerna vuna

UPUTE:
a) Otopite komadiće bijele čokolade u posudi prikladnoj za mikrovalnu prema uputama na pakiranju.
b) Umočite svaki štapić pereca u otopljenu čokoladu, pokrivajući otprilike 3/4 štapića.
c) Odmah pospite zdrobljenu šećernu vunu preko čokoladom prekrivenog dijela pereca.
d) Štapiće pereca stavite na lim obložen papirom za pečenje i ostavite da se čokolada stegne.
e) Nakon što se čokolada stvrdne, vaši štapići za perece od šećerne vune spremni su za uživanje!

32. Energetski zalogaji šećerne vune

SASTOJCI:
- 1 šalica starinske zobi
- 1/2 šalice kremastog maslaca od kikirikija
- 1/4 šalice meda
- 1/4 šalice mljevenog lanenog sjemena
- 1/4 šalice malih komadića čokolade
- 1/4 šalice zdrobljene šećerne vune
- 1 žličica ekstrakta vanilije

UPUTE:
a) U zdjeli za miješanje pomiješajte zob, maslac od kikirikija, med, mljevene sjemenke lana, komadiće čokolade, zdrobljenu šećernu vunu i ekstrakt vanilije.
b) Miješajte dok se dobro ne sjedini.
c) Smjesu razvaljajte u male kuglice, promjera oko 1 inča.
d) Kuglice slažite na pleh obložen papirom za pečenje.
e) Stavite u hladnjak na najmanje 30 minuta da se energetski zalogaji stvrdnu.

33. Cotton Candy Cake Pops

SASTOJCI:
- 1 kutija mješavine za kolače (okus po vašem izboru)
- Potrebni sastojci za smjesu za kolač (jaja, ulje, voda)
- Glazura (okus po izboru)
- Šećerna vuna
- Štapići za lizalice
- Otopljeni slatkiši ili komadići čokolade (po izboru)

UPUTE:
a) Pripremite smjesu za kolač prema uputama na kutiji.
b) Nakon što je pečen i ohlađen, izmrvite kolač u veliku zdjelu za miješanje.
c) Dodajte glazuru izmrvljenom kolaču i miješajte dok se dobro ne sjedini i dok smjesa ne ostane skupa.
d) Smjesu razvaljajte u male loptice i u svaku stavite štapić lizalice.
e) Rastopite otopine slatkiša ili komadiće čokolade (ako ih koristite) i umočite svaki kolačić u otopljeni premaz, dopuštajući da sav višak iscuri.
f) Dok je premaz još mokar, cake popse pospite mljevenom šećernom vatom.
g) Stavite cake pops uspravno na stalak ili na lim za pečenje obložen papirom za pečenje kako bi se premaz stvrdnuo.
h) Nakon što se stegne, vaši kolačići od šećerne vune spremni su za uživanje!

34. Cotton Candy Čokoladna kora

SASTOJCI:
- 12 oz bijele čokolade, nasjeckane
- Sirup s okusom šećerne vune
- Šećerna vuna za ukras
- Kegle ili M&Ms

UPUTE:
a) Lim za pečenje obložite papirom za pečenje.
b) U zdjeli prikladnoj za mikrovalnu pećnicu otopite bijelu čokoladu u intervalima od 30 sekundi, miješajući između svakog intervala, dok ne postane glatka.
c) Umiješajte sirup s aromom šećerne vune dok se potpuno ne sjedini.
d) Otopljenu čokoladu izlijte na pripremljeni lim za pečenje i ravnomjerno rasporedite.
e) Po otopljenoj čokoladi pospite zdrobljene komadiće šećerne vune i kuglice ili M&M's.
f) Stavite u hladnjak na 1-2 sata, ili dok se ne stegne.
g) Kad se stegne, izlomite koru na komade i poslužite.

35. Chex mješavina šećerne vate

SASTOJCI:
- 4 šalice Chex žitarica (bilo koja vrsta)
- 1 šalica štapića pereca
- 1 šalica mini marshmallowa
- 1/2 šalice komadića bijele čokolade
- 1/4 šalice šećerne vune

UPUTE:
a) U velikoj zdjeli za miješanje pomiješajte Chex žitarice, štapiće pereca i mini marshmallows.
b) Otopite komadiće bijele čokolade u posudi prikladnoj za mikrovalnu prema uputama na pakiranju.
c) Otopljenu bijelu čokoladu prelijte preko smjese žitarica i miješajte dok se ne ujednači.
d) Po smjesi pospite zdrobljenu šećernu vunu i lagano promiješajte da se rasporedi.
e) Smjesu rasporedite u pleh obložen papirom za pečenje i ostavite da se ohladi i stegne.
f) Nakon što se stegne, razlomite Chex mješavinu na komadiće i uživajte u slatkoj i hrskavoj Chex mješavini šećerne vune!

36. Pločice šećerne vune Granola

SASTOJCI:
- 2 šalice starinske zobi
- 1 šalica hrskavih rižinih pahuljica
- 1/2 šalice meda
- 1/2 šalice kremastog maslaca od kikirikija
- 1/4 šalice zdrobljene šećerne vune
- 1/4 šalice malih komadića čokolade

UPUTE:
a) U velikoj zdjeli za miješanje pomiješajte zob i hrskavu rižu.
b) U malom loncu zagrijte med i maslac od kikirikija na laganoj vatri dok se ne otope i dobro sjedine.
c) Prelijte smjesu maslaca od kikirikija preko zobi i mješavine žitarica i miješajte dok se ne ujednači.
d) Umiješajte zdrobljenu šećernu vunu i male komadiće čokolade.
e) Smjesu čvrsto utisnite u obloženu posudu za pečenje i ostavite u hladnjaku najmanje 1 sat da se stegne.
f) Kad se stegne, izrežite na pločice i uživajte u domaćim pločicama granole od šećerne vune!

37. Cotton Candy Marshmallow Pops

SASTOJCI:
- Veliki marshmallows
- Šećerna vuna
- Štapići za lizalice

UPUTE:
a) Umetnite štapić lizalice u svaki marshmallow.
b) Stavite mali komadić šećerne vune na svaki marshmallow, nježno pritisnite da se zalijepi.
c) Poslužite takve kakve jest ili lagano prepecite marshmallows za zabavni zaokret.
d) Uživajte u pahuljastim i šarenim marshmallow bombonima!

38.Cotton Candy Cheesecake pločice

SASTOJCI:
- 1 1/2 šalice mrvica graham krekera
- 1/4 šalice šećera
- 1/2 šalice neslanog maslaca, otopljenog
- 16 oz krem sira, omekšali
- 1/2 šalice šećera
- 2 jaja
- 1 žličica ekstrakta vanilije
- Sirup s okusom šećerne vune
- Šećerna vuna za ukras

UPUTE:
a) Zagrijte pećnicu na 350°F (175°C) i obložite posudu za pečenje papirom za pečenje.
b) U zdjeli pomiješajte mrvice graham krekera, šećer i otopljeni maslac dok se ne sjedine.
c) Smjesu utisnite na dno pripremljene posude za pečenje kako biste formirali koricu.
d) U drugoj zdjeli izmiksajte krem sir, šećer, jaja i ekstrakt vanilije dok smjesa ne postane glatka.
e) Umiješajte nekoliko kapi sirupa s aromom šećerne vune dok se dobro ne sjedini.
f) Smjesu od krem sira prelijte preko kore i ravnomjerno rasporedite.
g) Pecite 25-30 minuta, ili dok se rubovi ne stvrdnu, a sredina ne postane lagano drhtava.
h) Pustite da se potpuno ohladi, zatim stavite u hladnjak na najmanje 2 sata ili dok se ne ohladi.
i) Izrežite na štanglice i ukrasite svaku komadićem šećerne vune prije posluživanja.

39. Kolačići punjeni šećernom vunom

SASTOJCI:
- Unaprijed pripremljeno tijesto za kekse ili domaće tijesto za kekse
- Šećerna vuna

UPUTE:
a) Zagrijte pećnicu prema uputama za tijesto za kolače.
b) Uzmite mali dio tijesta za kolače i poravnajte ga u ruci.
c) Stavite mali komad šećerne vune u sredinu tijesta.
d) Savijte tijesto oko šećerne vune, pazeći da bude potpuno prekriveno.
e) Nadjevene kuglice od tijesta za kekse stavite na pleh obložen papirom za pečenje.
f) Pecite prema uputama za tijesto dok ne porumene.
g) Ostavite da se malo ohlade prije uživanja u kolačićima iznenađenja punjenim šećernom vatom!

40. Slatkiši od šećerne vate Marshmallow žitarice

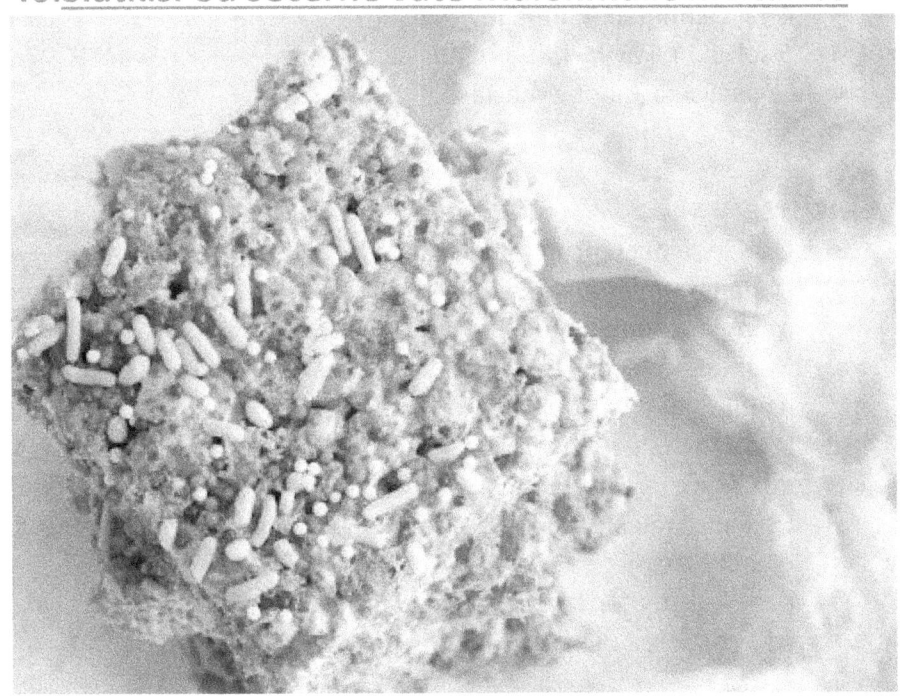

SASTOJCI:
- 4 šalice mini marshmallowa
- 6 šalica hrskavih rižinih pahuljica
- 1/4 šalice neslanog maslaca
- Šećerna vuna

UPUTE:
a) U većem loncu otopite maslac na laganoj vatri.
b) Dodajte mini marshmallows u lonac i miješajte dok se potpuno ne otopi i postane glatka.
c) Maknite lonac s vatre i umiješajte hrskave rižine pahuljice dok se ne ujednače.
d) Dodajte male komadiće šećerne vune u smjesu i nježno preklopite dok se ne raspodijeli.
e) Utisnite smjesu u namašćenu posudu za pečenje i ostavite da se ohladi i stegne.
f) Kad se stegne, izrežite na kvadrate i uživajte u slasticama od šećerne vune marshmallow!

UMOCI

41. Dip od šećerne vate

SASTOJCI:
- 8 unci u bloku krem sira, omekšali
- 1 šalica jakog vrhnja za šlag
- 2 unce šećerne vune
- ½ šalice šećera u prahu
- Gel boje za hranu (po želji)

UPUTE:
a) Ulijte čvrsto vrhnje za šlag u malu zdjelu i dodajte šećernu vunu. Krema će trenutno otopiti šećernu vunu. Mikserom tucite vrhnje dok ne postane mekano. Staviti na stranu.
b) U srednjoj zdjeli pomiješajte krem sir i šećer u prahu dok ne postane glatko.
c) Umiješajte smjesu od šlaga.
d) Po želji dodajte par kapi prehrambene boje u gelu da postignete željenu boju.
e) Ohladite sat vremena i poslužite s keksima ili graham krekerima.

42. Cotton Candy Marshmallow Dip

SASTOJCI:
- 1 šalica marshmallow paperja
- 1/2 šalice šlaga
- 2 žlice sirupa s aromom šećerne vune
- Šećerna vuna za ukras

UPUTE:
a) U zdjeli za miješanje pomiješajte bijelog sljeza, šlag i sirup s aromom šećerne vune.
b) Miksajte dok se dobro ne sjedini i postane kremasto.
c) Prebacite umak u zdjelu za posluživanje i ukrasite ga šećernom vatom na vrhu.
d) Poslužite s voćnim ražnjićima, perecima ili kolačićima za umakanje.

43.Dip od šećerne vate i jogurta

SASTOJCI:
- 1 šalica grčkog jogurta
- 2 žlice meda
- 1/4 šalice sirupa s okusom šećerne vune
- Šećerna vuna za ukras

UPUTE:
a) U zdjeli za miješanje pomiješajte grčki jogurt, med i sirup s aromom šećerne vune dok ne postane glatko.
b) Prebacite umak u zdjelu za posluživanje i ukrasite ga šećernom vatom na vrhu.
c) Poslužite s kriškama svježeg voća, perecima ili graham krekerima za umakanje.

44. Cotton Candy Chocolate Dip

SASTOJCI:
- 1 šalica komadića čokolade
- 1/2 šalice gustog vrhnja
- 2 žlice sirupa s aromom šećerne vune
- Šećerna vuna za ukras

UPUTE:
a) U zdjeli prikladnoj za mikrovalnu pećnicu zagrijavajte komadiće čokolade i vrhnje u intervalima od 30 sekundi dok se ne otope i postanu glatki, miješajući između.
b) Umiješajte sirup s aromom šećerne vune dok se dobro ne sjedini.
c) Prebacite umak u zdjelu za posluživanje i ukrasite ga šećernom vatom na vrhu.
d) Poslužite s perecima, marshmallowom ili voćem za umakanje.

45. Voćni umak od šećerne vate

SASTOJCI:
- 1 šalica marshmallow kreme
- 8 oz krem sira, omekšali
- 1/4 šalice sirupa s okusom šećerne vune
- Šećerna vuna za ukras

UPUTE:
a) U zdjeli za miješanje istucite marshmallow kremu i omekšali krem sir dok ne postane glatka.
b) Postupno umiješajte sirup s aromom šećerne vune dok se dobro ne sjedini.
c) Prebacite umak u zdjelu za posluživanje i ukrasite ga šećernom vatom na vrhu.
d) Poslužite s raznim svježim voćem za umakanje.

46. Dip od šećerne vate i maslaca od kikirikija

SASTOJCI:
- 1 šalica kremastog maslaca od kikirikija
- 1/2 šalice šećera u prahu
- 1/4 šalice sirupa s okusom šećerne vune
- Šećerna vuna za ukras

UPUTE:
a) U zdjeli za miješanje izmiksajte kremasti maslac od kikirikija i šećer u prahu dok smjesa ne postane glatka.
b) Postupno umiješajte sirup s aromom šećerne vune dok se dobro ne sjedini.
c) Prebacite umak u zdjelu za posluživanje i ukrasite ga šećernom vatom na vrhu.
d) Poslužite s perecima, kriškama jabuke ili krekerima za umakanje.

47.Dip za šlag od šećerne vate

SASTOJCI:
- 1 šalica gustog vrhnja
- 1/4 šalice šećera u prahu
- 1/4 šalice sirupa s okusom šećerne vune
- Šećerna vuna za ukras

UPUTE:
a) U zdjeli za miješanje umutite čvrsto vrhnje i šećer u prahu dok se ne formiraju čvrsti vrhovi.
b) Lagano umiješajte sirup s aromom šećerne vune dok se ravnomjerno ne rasporedi.
c) Prebacite šlag u zdjelu za posluživanje i ukrasite ga šećernom vatom na vrhu.
d) Poslužite s keksima, voćem ili tortom za umakanje.

DESERT

48.Šećerna vuna Eclairs

SASTOJCI:
ZA CHOUX PECIVO:
- 1 šalica vode
- ½ šalice neslanog maslaca
- 1 šalica višenamjenskog brašna
- 4 velika jaja

ZA NADJEV:
- 2 šalice kreme za tijesto s okusom šećerne vune

ZA UKRAŠAVANJE ŠEĆERNE VUNE:
- Šećerna vuna za preljev

ZA GLAZURU:
- ½ šalice bijele čokolade, nasjeckane
- ¼ šalice neslanog maslaca
- 1 šalica šećera u prahu
- ¼ šalice tople vode

UPUTE:
CHOUX PECIVO:
a) Zagrijte pećnicu na 375°F (190°C) i obložite lim za pečenje papirom za pečenje.
b) U loncu pomiješajte vodu i maslac. Zagrijte na srednjoj vatri dok se maslac ne rastopi i smjesa ne zavrije.
c) Maknite s vatre, dodajte brašno i snažno miješajte dok smjesa ne postane kugla.
d) Pustite da se tijesto ohladi nekoliko minuta, a zatim dodajte jedno po jedno jaje, dobro umutite nakon svakog dodavanja.
e) Premjestite tijesto u vrećicu za pečenje i izlijte éclairs na pripremljeni lim za pečenje.
f) Pecite oko 30 minuta ili dok ne porumene. Ostaviti da se ohladi.

PUNJENJE:
g) Pripremite kremu za tijesto s okusom šećerne vune. Klasičnom receptu za slastičarsku kremu možete dodati aromu šećerne vune ili zdrobljenu šećernu vunu ili upotrijebiti već pripremljenu slastičarsku kremu s okusom šećerne vune.
h) Punite éclairs slastičarskom kremom s okusom šećerne vune pomoću vrećice za pečenje ili male žličice.

UKRAS ŠEĆERNE VATNE:
i) Neposredno prije posluživanja, na svaki éclair stavite čuperak šećerne vune za otkačen dodir.

GLAZURA:
j) U zdjeli otpornoj na toplinu otopite bijelu čokoladu i maslac na pari.
k) Maknite s vatre, dodajte šećer u prahu i postupno umiješajte vruću vodu dok smjesa ne postane glatka.
l) Umočite vrh svakog éclaira u glazuru od bijele čokolade, osiguravajući ravnomjerno prekrivanje. Pustite da višak kapne.
m) Stavite glazirane eklere na pladanj i ostavite ih da se ohlade dok se bijela čokolada ne stegne.
n) Poslužite ohlađeno i doživite slatku nostalgiju šećerne vate Éclairs!

49. Kolačići od šećerne vate

SASTOJCI:
CUPCAKES OD VANILIJE
- 1⅓ šalice glatkog brašna
- 1½ žličice praška za pecivo
- ¼ žličice soli
- ½ šalice neslanog maslaca, sobne temperature
- ¾ šalice šećera u prahu
- 2 velika jaja, sobne temperature
- 1½ žličice ekstrakta vanilije
- ½ šalice mlijeka, sobne temperature

GLAZURA OD ŠEĆERNE VATNE
- ½ šalice maslaca, sobne temperature
- 4 šalice glazure ili šećera u prahu
- 2-3 žlice mlijeka
- Nekoliko kapi arome šećerne vune
- Nekoliko kapi prehrambenog gela poput plavozelene, ljubičaste i ljubičaste

UPUTE:
a) Zagrijte pećnicu na 180 C (350 F) standard / 160 C (320 F) s ventilatorom. Obložite kalup za muffine s 12 rupica uloščima za kolače.

b) Prosijte brašno, prašak za pecivo i sol u zdjelu i pomiješajte. U velikoj posudi za miješanje pomiješajte maslac i šećer električnom miješalicom oko 3-4 minute ili dok ne postane blijedo i kremasto.

c) Dodajte jaja, jedno po jedno, i tucite dok se ne sjedine. U posebnom vrču dodajte ekstrakt vanilije u mlijeko.

d) Dodajte otprilike jednu trećinu mješavine brašna i polovicu mješavine mlijeka. Lagano promiješajte lopaticom pa dodajte još jednu trećinu brašna i ostatak mlijeka. Na kraju dodajte konačnu smjesu brašna. Tijesto za kolače mora biti lijepo i kremasto. Pokušajte ne pretjerati s miješanjem.

e) Napunite pripremljene kutije za kolače. Stavite u pećnicu na otprilike 16-18 minuta ili dok kolači ne porumene na vrhu i ne poskoče kada ih lagano dodirnete. Prebacite kolačiće na rešetku da se potpuno ohlade.

f) Kako biste napravili glazuru, izradite maslac električnom miješalicom dok ne postane kremast i blijed. Prosijte pola šećera u prahu i jednu žlicu mlijeka.
g) Tucite dok se ne sjedini, a zatim dodajte preostali šećer u prahu i mlijeko. Ako vam se čini da je smjesa presuha, dodajte još jednu žlicu mlijeka. Samo budite oprezni jer želite da glazura bude dovoljno gusta da zadrži svoj oblik kada se nalije. Dodajte nekoliko kapi arome šećerne vune – po ukusu.
h) Rasporedite glazuru u tri odvojene zdjelice. U svaku posudu dodajte nekoliko kapi prehrambene boje i miješajte žlicom dok ne dobijete željenu boju.
i) Zgrabite svoju vrećicu i umetnite veliki zvjezdasti vrh na kraj. Vrlo nježno dodajte žlice jedne glazure i pokušajte je držati s jedne strane vrećice. Ponovite s preostalim bojama. U biti pokušavate postići da boje sjednu okomito u vrećicu. Ne morate biti precizni, samo učinite najbolje što možete.
j) Nježno pritisnite kako biste uklonili sve mjehuriće zraka i natjerajte glazuru do vrha. Završnite vrh vrećice i nanesite glazuru na kolače. Prvi vjerojatno neće imati sve tri boje pa ga koristite kao test.

50.Sladoled od šećerne vune bez miješanja

SASTOJCI:
- 2 šalice jako hladnog vrhnja za šlag
- 1 limenka od 14 unci zaslađenog kondenziranog mlijeka, hladno
- 2 žličice arome šećerne vune
- Prehrambene boje u ružičastoj i plavoj boji (po izboru)

UPUTE:
a) Stavite kalup za kruh i veliku zdjelu i miješajte ih u zamrzivač otprilike 30 minuta prije nego što ih budete spremni koristiti. Provjerite jesu li vrhnje za šlag i kondenzirano mlijeko vrlo hladni.
b) U velikoj zdjeli ili zdjeli samostojećeg miksera tucite vrhnje za šlag dok se ne formiraju čvrsti vrhovi, što obično traje oko 4 minute.
c) U srednjoj posudi pomiješajte zaslađeno kondenzirano mlijeko i aromu šećerne vune dok ne dobijete glatku konzistenciju.
d) Postupno dodajte smjesu kondenziranog mlijeka u šlag, nježno ga umiješajući. Ovaj korak osigurava slastnu glatku teksturu.
e) Podijelite smjesu u dvije odvojene zdjele, a svaka zdjela sadrži otprilike 3 šalice. Za dodatni dašak otkačenosti, upotrijebite ružičastu boju za hranu u jednoj posudi i plavu u drugoj.
f) Izvadite kalup za kruh ili spremnik iz zamrzivača i u njega stavljajte žlice smjese za sladoled.
g) Povećajte vizualnu privlačnost posipanjem vrha tave zabavnim posipima ili čašicama. Budite kreativni sa svojim odabirom!
h) Pustite da se sladoled stegne tako da ga stavite u zamrzivač preko noći. Ovaj korak osigurava čvrstu i divnu teksturu koja će zadovoljiti vašu želju za slatkim.

51. Slojeviti kolač od šećerne vune

SASTOJCI:
ZA TORTU:
- 1 šalica punomasnog mlijeka
- 6 velikih bjelanjaka
- 2 žličice ekstrakta šećerne vune
- 2 ¼ šalice brašna za kolače
- 1 ¾ šalice granuliranog šećera
- 4 žličice praška za pecivo
- Prskalice
- 12 žlica maslaca
- Roza ili plava prehrambena boja (po izboru)

ZA JEDNOSTAVNI SIRUP ŠEĆERNE VATNE:
- ½ šalice šećera od šećerne vate
- ½ šalice vode

ZA GLAZUD ŠEĆERNE VUNE:
- ½ žličice ekstrakta šećerne vune
- 3 štapića omekšalog slanog maslaca
- 5 šalica šećera u prahu
- 2-3 žlice gustog vrhnja za šlag

ZA UKRAŠAVANJE OPCIONALNO:
- Šećerna vuna ili bombona

UPUTE:
ZA TORTU:
a) Zagrijte pećnicu na 350°F. Obilno namažite maslacem i pobrašnite dva kalupa za tortu od 8 ili 9 inča i ostavite ih sa strane.
b) U velikoj staklenoj posudi za mjerenje tekućine umutite mlijeko, bjelanjke i aromu šećerne vune. Ostavite ovu čarobnu mješavinu sa strane.
c) U velikoj zdjeli za miješanje pomiješajte brašno, šećer, prašak za pecivo i posip. Tucite smjesu brašna i maslaca na maloj brzini dok ne postanu mrvičaste, oko 3 minute.
d) Mikserom na niskoj razini umiješajte sve osim ½ šalice mliječne smjese. Povećajte brzinu na srednju i tucite oko 3 minute dok smjesa ne postane glatka.

e) Po potrebi ostružite stijenke zdjele. Tucite preostalu smjesu mlijeka dok se ne sjedini.
f) Završno promiješajte tijesto gumenom lopaticom, stružući dno zdjele kako biste bili sigurni da se sve u potpunosti sjedinilo. Ravnomjerno izlijte tijesto u pripremljene kalupe, zaglađujući vrhove.
g) Pecite oko 20 minuta ili dok vrhovi ne poprime smeđu boju, a središta ne poskoče kada se lagano dodirnu.
h) Izvadite iz pećnice i ostavite kolače da se ohlade u posudama oko 5 minuta prije nego što ih okrenete na rešetku da se potpuno ohlade.

ZA JEDNOSTAVNI SIRUP ŠEĆERNE VATNE:
i) U malom, teškom loncu, pomiješajte šećer šećernu vunu i vodu na srednjoj vatri dok smjesa ne zavrije. Kuhajte 3 minute uz povremeno miješanje dok se šećer ne otopi, a smjesa prekrije poleđinu žlice.
j) Ulijte sirup u malu šalicu ili zdjelicu i stavite u hladnjak dok se ne ohladi.

ZA GLAZURU:
k) U zdjeli miksera izmiksajte maslac, jednostavni sirup i aromu šećerne vune na srednjoj brzini dok smjesa ne postane glatka.
l) S mikserom na niskoj razini polako dodajte šećer u prahu dok se ne sjedini. Dodajte gusto vrhnje, zatim polako povećajte brzinu miksera na najveću i tucite jednu minutu dok smjesa ne postane lagana i pjenasta.

SASTAVI I UKRASI:
m) Ohlađenu tortu sastaviti i premazati glazurom, te po želji ukrasiti bombonom.

52. Sendviči sa sladoledom od šećerne vune

SASTOJCI:
- Sladoled s okusom šećerne vune
- Meki šećerni kolačići (kupljeni ili domaći)
- prskalice (nije obavezno)

UPUTE:
a) Pustite da sladoled s okusom šećerne vune malo omekša na sobnoj temperaturi.
b) Stavite kuglicu sladoleda na donju stranu šećernog kolačića.
c) Na vrh stavite drugi kolačić, nježno ga pritisnite kako biste spojili sladoled.
d) Po želji rubove sladolednog sendviča uvaljajte u posip.
e) Ponovite s preostalim kolačićima i sladoledom.
f) Stavite sladoledne sendviče u zamrzivač najmanje 1 sat da se stegne.
g) Kad se stvrdnu, vaši sendviči sa sladoledom od šećerne vune spremni su za uživanje!

53. Mramorirana bombona šećerne vune

SASTOJCI:
- 24 unce kore bijele čokolade
- 1 limenka (14 unci) zaslađenog kondenziranog mlijeka
- 2 žličice ekstrakta šećerne vate
- Svijetloplavi gel prehrambene boje
- Svijetlo ružičasti gel prehrambene boje

UPUTE:
a) Obložite tepsiju veličine 8 x 8 inča aluminijskom folijom ili papirom za pečenje, kako biste kasnije lako oslobodili kolač.
b) Stavite koru bijele čokolade u zdjelu prikladnu za mikrovalnu pećnicu. Stavite u mikrovalnu u intervalima od 30 sekundi, često miješajući, dok se kora potpuno ne otopi.
c) Dodajte zaslađeno kondenzirano mlijeko i aromu šećerne vune u otopljenu bijelu čokoladu, stvarajući izvrsnu bazu za kremu.
d) Podijelite smjesu za kolače u dvije zdjele. Dodajte malu količinu plavog gela za prehrambenu boju u jednu posudu, a ružičaste u drugu. Količinu prilagodite intenzitetu gela za bojenje hrane.

SKUPŠTINA:
e) U pripremljenu posudu nasumično ubacite žlice svake obojene smjese.
f) Upotrijebite čačkalicu kako biste vješto zaokrenuli boje, stvarajući očaravajući izgled mramora koji odražava okretnost šećerne vune.
g) Pustite masu u hladnjaku najmanje 2 sata ili dok ne postane čvrsta i stvrdnuta.
h) Nakon što se stegne, izrežite kremu na divne komade, od kojih svaki utjelovljuje čarobnu mješavinu okusa šećerne vune. Poslužite i gledajte kako se radost razvija!

54. Sendviči sa šećernom vunom i kolačićima

SASTOJCI:
ZA SENDVIČE SA ŠEĆERNOM PAMUKOM KOLAČIĆIMA:
- 1-¼ šalice granuliranog šećera
- ½ šalice neslanog maslaca, sobne temperature
- ¼ šalice mlaćenice
- 1 jaje
- 1 žličica JRC Liquid Cotton Candy* ili arome šećerne vune
- 2-¼ šalice višenamjenskog brašna
- ¾ žličice sode bikarbone
- ¼ žličice soli
- ½ žličice praška za pecivo
- 1 kap nježno ružičaste gel boje za hranu
- 1 kap nebesko plave gel boje za hranu

ZA KREMU PUTER OD ŠEĆERNE VATNE:
- 1 šalica neslanog maslaca, sobne temperature
- 1-½ šalice slastičarskog šećera
- 2 žličice JRC Liquid Cotton Candy* ili arome šećerne vune
- 1 kap nježno ružičaste gel boje za hranu
- 1 kap nebesko plave gel boje za hranu

UPUTE:
PRIPREMITE ŠEĆERNE KOLAČIĆE:
a) Zagrijte pećnicu na 350 stupnjeva F i obložite limove za pečenje papirom za pečenje.
b) Šećer i maslac miješajte mikserom dok ne postanu svijetli i pjenasti.
c) Pomiješajte mlaćenicu, jaje i aromu šećerne vune u maloj posudi. Polako dodajte u smjesu maslaca, miksajući dok se potpuno ne sjedini.
d) Dodajte brašno, sodu bikarbonu, sol i prašak za pecivo i miješajte dok se tijesto ne sjedini i ne odvoji od stijenki posude.
e) Podijelite tijesto i u jedan dio dodajte ružičastu prehrambenu boju, a u drugi plavu. Lagano promiješajte tijesto.
f) Izvadite tijesto na lim za pečenje i poravnajte dlanom.
g) Pecite 6-10 minuta dok rubovi ne počnu rumeniti.

PRIPREMITE PUTER KREMU:

h) U samostojećem mikseru tucite maslac oko 2 minute. Postupno dodajte slastičarski šećer, a zatim tucite na srednje jakoj temperaturi 2 minute dok smjesa ne postane lagana i pjenasta.
i) Dodajte aromu šećerne vune i tucite još jednu minutu.
j) Podijelite puter kremu i jedan dio obojite u rozo, a drugi u plavo.

SKUPŠTINA:

k) Premjestite kremu od maslaca u vrećicu s vrhom br. 8B, naizmjenično ružičastu i plavu.
l) Nanesite kremu od maslaca na polovicu kolačića, ostavljajući prsten od ½ inča otkriven oko rubova.
m) Preostale kolačiće stavite na vrh, nježno pritiskajući da napravite sendvič kolačiće.
n) Ohladite u hladnjaku radi lakšeg rukovanja.
o) Čuvajte kolačiće u hermetički zatvorenoj posudi u hladnjaku do 4 dana.

55. Cotton Candy Marshmallow Fudge

SASTOJCI:
- 2 šalice šećera
- ¾ šalice maslaca
- 12 unci bijele čokolade ili komadića vanilije
- Krema od sljeza u staklenci od 7 unci
- ¾ šalice jakog vrhnja za šlag
- 1 ½ žličice arome šećerne vune
- Ružičasta prehrambena boja

UPUTE:
a) Obložite tavu veličine 13x9 inča folijom i obilno je poprskajte neljepljivim sprejem.
b) Napravite Fudge bazu:
c) U loncu pomiješajte šećer, maslac, vrhnje i maslac na laganoj vatri. Miješajte dok se šećer potpuno ne otopi.
d) Nakon što se otopi, zakuhajte smjesu uz neprestano miješanje oko 4 minute.
e) Maknite s vatre i umiješajte marshmallow kremu i čips od vanilije dok se sav čips ne otopi.

SLOŽITE FUDGE:
f) Ulijte ¾ smjese za kolače u pripremljenu posudu obloženu folijom.
g) Dodajte aromu šećerne vune u preostalu smjesu pudera u loncu, miješajući dok se dobro ne sjedini.

STVARANJE VRTLA:
h) Kapajte ili pokapajte žlicama mješavine s okusom šećerne vune preko kolačića koji je već u tavi.
i) Stavite 2-3 kapi ružičaste prehrambene boje u različita područja na vrh kreme. Nožem za maslac izrežite kremu stvarajući zadivljujuće vrtloge.
j) Pokrijte posudu i ostavite da se krema stegne u hladnjaku dok se ne stegne.
k) Nakon što se stegne, izvadite kremu iz posude tako da je podignete s folijom. Izrežite na preslatke kvadrate.

56.Plavi kolač od šećerne vune

SASTOJCI:
SASTOJCI ZA KOLAČE
- 355 mL sode šećerne vate - po potrebi možete koristiti sodu kremu
- Kutija od 1 - 15oz bijele mješavine za kolače
- Svijetlo plava prehrambena boja, izborno

SASTOJCI ZA GLADIRANJE
- 1 šalica sode Cotton Candy - ili upotrijebite 1 žličicu ekstrakta okusa Cotton Candy
- 1/2 šalice maslaca, omekšalog
- 4 šalice šećera u prahu
- 1-2 žlice mlijeka
- Svijetlo plava prehrambena boja, po izboru
- Pastelne mrlje po želji

UPUTE:
a) Zagrijte pećnicu na 350 stupnjeva F.
b) Namastite vatrostalnu posudu 9" x 11" i stavite je sa strane.
c) U velikoj zdjeli miješajte bijelu smjesu za kolače i sodu šećernu vunu 2 minute. Po želji prilagodite boju svijetloplavom bojom za hranu. (Ako koristite, neka tijesto za kolač bude tamnije plavo nego što želite da bude gotov kolač jer će posvijetliti pečenjem.)
d) Pecite 25 - 30 minuta, dok zabodena čačkalica ne izađe čista.
e) Ostavite tortu da se potpuno ohladi prije glazure.
f) U međuvremenu stavite 1 šalicu sode šećerne vune u lonac i zagrijte dok ne zavrije na srednje jakoj vatri.
g) Smanjite na srednje nisko i pirjajte dok se ne smanji na 1/4 (trebalo bi ostati 2 oz sode). Pustiti da se potpuno ohladi.
h) U velikoj zdjeli miksajte maslac i šećer u prahu 2 minute, zatim dodajte reducirani šećernu vunu.
i) Istucite da se sjedini, zatim dodajte mlijeko koliko je potrebno da postignete teksturu koja se može mazati. Po želji prilagodite boju plavom bojom za hranu.
j) Ohlađenu tortu glazurom premažite glazurom.
k) Kako biste postigli zabavnu teksturu prikazanu na slikama, upotrijebite kratke poteze za širenje glazure, a zatim se vratite preko glazure i malo je naribajte.
l) Ukrasite tortu posipom po želji.

57. Šećerni kolačići od šećerne vate

SASTOJCI:
- 1 šalica neslanog maslaca sobne temperature
- 1 ¼ šalice granuliranog šećera
- 1 jaje ili ⅓ šalice aquafabe
- 1 žličica arome šećerne vune
- ½ žličice ekstrakta vanilije
- 2 šalice višenamjenskog brašna
- 1 ½ žličica praška za pecivo
- ½ žličice soli

UPUTE:
a) Zagrijte pećnicu na 350 stupnjeva F i obložite lim za pečenje papirom za pečenje. Staviti na stranu.
b) U srednjoj posudi pomiješajte višenamjensko brašno, prašak za pecivo i sol. Staviti na stranu.
c) Mikserom izmiksajte šećer i maslac dok ne postanu svijetli i pjenasti.
d) Dodajte jaje ili aquafabu, aromu šećerne vune i ekstrakt vanilije. Miješajte dok se dobro ne sjedini.
e) Polako dodajte smjesu brašna mokrim sastojcima uz lagano miješanje. Kada se tijesto sjedini, podijelite ga na dva dijela.
f) Vratite jednu količinu tijesta u mikser i dodajte ružičastu gel boju za hranu, miješajući polako dok se ne sjedini.
g) Lagano očistite zdjelu, a zatim dodajte preostalo tijesto, uključujući plavu gel boju za hranu, i miješajte na niskoj razini dok se dobro ne sjedini.
h) Pomoću ¼ mjerne posude uzmite pola plavog i pola ružičastog tijesta, zajedno ih razvaljajte u kuglu i stavite na lim obložen papirom za pečenje.
i) Pecite 10-12 minuta ili dok rubovi ne postanu lagano zlatni.
j) Uživajte u svojim divnim šećernim kolačićima od šećerne vate!

58.Šećerna vuna Oreo tartufi

SASTOJCI:
- 20 Oreo kolačića od šećerne vate
- 6 unci krem sira, omekšali
- 1 paket (12 unci) plavih slatkiša (okus vanilije)
- 1 paket (12 unci) ružičastih bombona koji se topi (okus vanilije)

UPUTE:
a) Stavite dugačak list voštanog papira preko kalupa za kolačiće i ostavite ga sa strane.
b) Cijeli Oreos stavite u procesor hrane i miksajte dok se fino ne zdrobi. Alternativno, ako nemate multipraktik, Oreos možete staviti u veliku Ziploc vrećicu, zatvoriti je i zgnječiti kolačiće valjkom dok se fino ne zgnječe.
c) Dodajte komadiće krem sira u zdrobljeni Oreos i miksajte u multipraktiku dok se smjesa ravnomjerno ne navlaži, formirajući "tijesto" koje se potpuno sjedini.
d) Izvadite smjesu i oblikujte je u kuglice od 1 inča, a zatim ih stavite na pripremljeni lim za kekse. Možda su neuredni, ali to je u redu.
e) Stavite tartufe u zamrzivač na oko pola sata (ili duže).
f) Otopite čokoladu prema uputama na pakiranju. Ako koristite dvije boje, otopite onu glavnu u koju umačete tartufe. Izbjegavajte da zagori. Ako pečete u mikrovalnoj, činite to u intervalima od 20-30 sekundi na pola snage, svaki put promiješajte.
g) Izvadite tartufe iz zamrzivača, po potrebi ih preoblikujte rukama i pomoću vilice, dvije vilice ili čačkalice umočite u otopljenu čokoladu. Pazite da budu ravnomjerno obložene i pustite da višak čokolade iscuri.
h) Vratite tartufe u lim za pečenje i ostavite da se čokolada stegne.
i) Ako koristite drugu boju, otopite tu čokoladu nakon što je druga čokolada već postavljena na tartufe. Pokapajte ga po vrhu pomoću vrećice s patentnim zatvaračem s odrezanim kutom ili na neki drugi način.
j) Čuvajte tartufe pokrivene u hermetički zatvorenoj posudi u hladnjaku do posluživanja. Također se dobro smrzavaju.

59. Cotton Candy Macarons

SASTOJCI:
ŠEĆERNA VATA MACARONS
- ½ šalice + 2 žlice najfinijeg bademovog brašna - blanširano
- ½ šalice šećera u prahu
- Otprilike 2 velika jaja (55 g) odležanih bjelanjaka
- Po želji: prstohvat kreme od tartara
- ¼ šalice + 1 žličica granuliranog šećera
- Dodatno: gel prehrambene boje

ZA GLAZURU OD MASLACA OD ŠEĆERNE VATE
- ¼ šalice neslanog maslaca, sobne temperature
- 1 žličica ekstrakta vanilije ili paste od mahune vanilije
- ⅛ žličice soli
- 1 čajna žličica ekstrakta šećerne vune
- Dodatno: roza gel prehrambena boja
- 1 šalica šećera u prahu
- 2 žličice gustog vrhnja

UPUTE:
ŠEĆERNA VATA MACARONS
a) Prosijte 70 g najfinijeg bademovog brašna i 63 g šećera u prahu u veliku zdjelu i ostavite sa strane.
b) U posudu samostojećeg miksera pjenjačom ulijte 55 g odležanih bjelanjaka i miješajte srednjom brzinom dok se površina bjelanjaka ne prekrije malim mjehurićima. Dodajte prstohvat kreme od tartara i nastavite miješati dok ne postignete mekanu vršnu fazu.
c) U jaja dodajte 55g šećera u prahu i miksajte na srednjoj brzini 30 sekundi. Ako želite, u ovom trenutku dodajte ružičastu gel prehrambenu boju, a zatim povećajte brzinu miješanja na srednje visoku brzinu. Nastavite miješati dok se ne stvore čvrsti, sjajni vrhovi.
d) Umiješajte suhe sastojke u meringu u dva dijela kružnim pokretima sve dok debela vrpca tijesta ne poteče s lopatice kada se podigne. Pazite da ne premijesite tijesto!
e) Ulijte tijesto u veliku vrećicu s okruglim vrhom srednje veličine i izvucite krugove od 1 ¼ inča na pripremljene limove za pečenje, s razmakom od oko 1 inča.

f) Nekoliko puta snažno udarite tavama o radnu površinu kako biste oslobodili mjehuriće zraka, a zatim čačkalicom izbacite preostale mjehuriće zraka koji isplivaju na površinu.
g) Pustite macarons da odstoje 30 minuta da se razvije kožica. Macaronsi bi trebali izgledati mat nakon što se stvori kožica.
h) Dok se macarons odmaraju, zagrijte pećnicu na 300 F.
i) Pecite jedan po jedan pleh macarons na srednjoj prečki u pećnici 16-17 minuta i okrenite posudu do pola.
j) Izvadite iz pećnice i pustite da se macarons ohlade na tavi (oko 15 minuta), a zatim ih nježno uklonite s podloge.

GLAZURA OD MASLACA OD ŠEĆERNE VATNE

k) Miksajte 56g maslaca sobne temperature na srednjoj brzini 1-2 minute nastavkom za mućenje dok ne postane svjetlije boje i glatko.
l) Pomiješajte 4 g ekstrakta vanilije, 1 g soli, 4 g ekstrakta šećerne vune i kap ružičaste gel boje za hranu pri maloj brzini.
m) Polako na laganoj brzini umiješajte 125g šećera u prahu i 10g gustog vrhnja.
n) Nastavite miješati na niskoj razini nekoliko minuta dok se sastojci u potpunosti ne sjedine i postigne željena konzistencija.
o) Ako je glazura pregusta, dodajte još gustog vrhnja ili mlijeka (1 čajnu žličicu odjednom). Ako je glazura prerijetka, dodajte još šećera u prahu (1 žlicu po žlicu).
p) Stavite u vrećicu s malim francuskim vrhom i ostavite sa strane.

SASTAVLJANJE OVIH MACARONSA SA ŠEĆERNOM PAMUKOM

q) Oko jedne ljuske makarona nanesite gustu kuglicu kreme od maslaca od šećerne vune ili glazure po vašem izboru. Lagano pritisnite drugu školjku na vrh glazure kako biste napravili sendvič.
r) Gotove macaronse stavite u hermetički zatvorenu posudu i ostavite u hladnjaku preko noći, zatim ih ostavite na sobnoj temperaturi i uživajte!

60. Cotton Candy Poke torta

SASTOJCI:
- 1 kutija mješavine za bijeli kolač (ili vaš omiljeni recept za bijeli kolač)
- ¼ do ½ žličice arome šećerne vune (po želji)
- 2 kutije smjese za instant puding od bijele čokolade
- 3 šalice mlijeka
- 1 velika posuda hladan bič
- 1 paket šećerne vune
- Bojanje hrane

UPUTE:
a) Pripremite tijesto za tortu prema uputama na kutiji ili u vašem receptu.
b) Dodajte ¼ do ½ žličice arome šećerne vune u tijesto i promiješajte.
c) Izlijte tijesto u namašćenu ili pošpricanu tepsiju veličine 13 x 9 inča i pecite prema kutiji ili prema vašem receptu.
d) Pustite kolač da se ohladi na rešetki samo 5-10 minuta.
e) Izbušite rupe u kolaču stražnjom stranom drvene žlice.
f) U zdjelici pomiješajte dvije male kutije smjese za instant puding i 3 šalice mlijeka.
g) U smjesu za puding dodajte prehrambenu boju, marmorirajte boje. Radite brzo kako se puding ne bi zgusnuo prije izlijevanja.
h) Smjesu od pudinga brzo prelijte preko kolača, ravnomjerno je rasporedite.
i) Kolač ohladite u hladnjaku oko sat vremena.
j) Ohlađenu tortu prekriti hladnom šlagom.
k) Neposredno prije posluživanja tortu prelijte šećernom vatom.

61. Šećerna vuna Krem se topi

SASTOJCI:
- 4 unce krem sira
- ¾ žličice mješavine okusa za glazuru Creations s okusom šećerne vune
- 3 šalice šećera u prahu
- 2 žlice super finog šećera

UPUTE:
a) Stavite krem sir i ¾ žličice paketića arome u zdjelu za miješanje; Miješajte dok ne bude glatka i izmiješana.
b) Postupno dodajte šećer u prahu; Miješajte dok smjesa ne postane čvrsta, gusta, poput tijesta za pitu - nemojte pretjerati s miješanjem.
c) Izvadite smjesu iz zdjele i razvaljajte u male kuglice veličine ½ do ¾ inča.
d) Kuglice uvaljati u najfiniji šećer; Zatim stavite na pladanj obložen voštanim papirom.
e) Kuglice lagano spljoštite stražnjom stranom žlice kako biste oblikovali pljeskavice debljine ¼ inča.
f) Izrežite spljoštene kuglice u nazubljene oblike pomoću 38 mm (1 ½ inča nazubljenog rezača)

62.Pjena od šećerne vate

SASTOJCI:
- 4 unce krem sira, sobne temperature
- 2 žlice sirupa od šećerne vune
- 1 žlica mlijeka ili vrhnja
- 1 šalica šećera u prahu
- Posuda od 8 unci Cool Whipa
- Slatkiši za ukras, po želji

UPUTE:
a) U zdjeli vašeg miksera pomiješajte krem sir, sirup i mlijeko dok smjesa ne postane glatka.
b) Polako umiješajte šećer u prahu. Zatim preklopite Cool Whip.
c) Stavite žlicom u 12 čaša za desert ili bilo koje male posude za posluživanje.
d) Ohladite najmanje 3 sata. Poslužite hladno.

63. Šećerna vuna Affogato

SASTOJCI:
- 3 kuglice sladoleda od vanilije
- 1 čašica vrućeg espressa
- šećerna vuna

UPUTE:
a) Izvadite sladoled u široku zdjelu.
b) Vrh stavite šećernom vatom.
c) Prelijte vrući espresso preko šećerne vune kružnim pokretima dok se ne otopi.
d) Jedite odmah.

64.Panna cotta šećerne vune

SASTOJCI:
- 2 šalice gustog vrhnja
- 1/4 šalice šećera
- 1 žličica ekstrakta vanilije
- 2 paketića (oko 14 g) želatine bez okusa
- 1/4 šalice vode
- Šećerna vuna za ukras

UPUTE:
a) U loncu zagrijte vrhnje i šećer na srednjoj vatri dok se šećer ne otopi. Maknite s vatre i umiješajte ekstrakt vanilije.
b) U maloj posudi pospite želatinu vodom i ostavite 5 minuta da procvate.
c) Nakon što procvate, smjesu želatine umiješajte u toplu kremu dok se potpuno ne otopi.
d) Smjesu ulijte u čaše ili kalupe za posluživanje.
e) Ostavite u hladnjaku najmanje 4 sata, ili dok se ne stegne.
f) Prije posluživanja svaku panna cottu ukrasite malim komadićem šećerne vune.

65. Puding od šećerne vate od riže

SASTOJCI:
- 1 šalica Arborio riže
- 4 šalice mlijeka
- 1/2 šalice šećera
- 1 žličica ekstrakta vanilije
- Šećerna vuna za preljev

UPUTE:
a) U velikom loncu pomiješajte rižu, mlijeko i šećer.
b) Pustite da prokuha na srednjoj vatri, zatim smanjite vatru i kuhajte uz povremeno miješanje dok riža ne omekša i smjesa se zgusne, oko 20-25 minuta.
c) Maknite s vatre i umiješajte ekstrakt vanilije.
d) Žlicom stavljajte puding od riže u posude za posluživanje.
e) Ostavite da se malo ohladi, a zatim svaku porciju prelijte velikom količinom šećerne vune neposredno prije posluživanja.

66.Puffovi od šećerne vate

SASTOJCI:

- 1/2 šalice vode
- 1/4 šalice neslanog maslaca
- 1/2 šalice višenamjenskog brašna
- 2 velika jaja
- Šlag s okusom šećerne vune (napravljen presavijanjem arome šećerne vune u šlag)
- Šećerna vuna za ukras

UPUTE:

a) Zagrijte pećnicu na 375°F (190°C) i obložite lim za pečenje papirom za pečenje.
b) U loncu zakuhajte vodu i maslac.
c) Umiješajte brašno dok se smjesa ne oblikuje u kuglu i ne odvoji od stijenki posude.
d) Maknite s vatre i pustite da se malo ohladi.
e) Tucite jaja, jedno po jedno, dok se potpuno ne sjedine i dok tijesto ne postane glatko.
f) Premjestite tijesto u vrećicu s velikim okruglim vrhom.
g) Izvadite male brdašce tijesta na pripremljeni lim za pečenje.
h) Pecite 20-25 minuta, ili dok ne napuhne i ne porumeni.
i) Pustite da se kremšnite potpuno ohlade, a zatim svaku napunite šlagom s okusom šećerne vune.
j) Ukrasite malim komadićem šećerne vune na vrhu svake kremšnite prije posluživanja.

67.Čudovite pastelne jabuke šećerne vune

SASTOJCI:

- 6 srednjih granny smith jabuka (ili varijacija po izboru, opranih, osušenih i uklonjenih peteljki)
- 3 šalice (600 g / 1 lb + 5 oz) granuliranog šećera
- 1 šalica (237 ml) vode
- 1/2 šalice (118 ml) svijetlog kukuruznog sirupa
- 1 boca (3/4 žličice / 3,75 mL) ulja s okusom šećerne vune
- 2 žlice (30 mL) svijetlo bijele mekane prehrambene boje, plus 2-3 dodatne boje po izboru
- Šećerna vuna
- Šljokice/šljokice po izboru

UPUTE:
a) Lim za pečenje obložite silikonskom podlogom za pečenje ili ga premažite mašću.
b) Umetnite štapiće kolačića otprilike 3/4 dužine u svaku jabuku, pazeći da ne izađu s dna.
c) U loncu srednje debelog dna pomiješajte šećer, vodu i kukuruzni sirup. Obrišite stranice posude vlažnom četkom za tijesto kako biste uklonili zalutale kristale šećera.
d) Stavite lonac na srednje jaku vatru i pričvrstite termometar za slatkiše, pazeći da ne dodiruje dno lonca.
e) Ostavite smjesu da se neometano kuha dok termometar ne dosegne 302°F (faza tvrdog pucanja). Pripremite aromatično ulje i boje dok se smjesa kuha.
f) Nakon što premaz slatkiša dosegne 302°F, maknite ga s vatre i umiješajte ulje za okus, a zatim bijelu boju, koristeći gumenu lopaticu otpornu na toplinu.
g) Brzo dodajte kapljice odabranih prehrambenih gel boja bez miješanja, okrećite posudu jednom ili dvaput da mramorizirate boje.
h) Nagnite lonac tako da se premaz skupi na jednu stranu, a zatim umočite/zavrtite svaku jabuku dok ne bude temeljito premazana. Pustite da višak premaza kapne natrag u posudu, a zatim stavite premazane jabuke na pripremljeni lim za pečenje.
i) Kad ste spremni za posluživanje, probušite puf ili dva šećerne vune na svaki štapić na vrhu jabuke. Ukrasite posipima ili šljokicama po želji.
j) Opcionalno: ako koristite papirnate slamke s uzorkom, gurnite ih preko štapića za kekse i odrežite vrhove kako bi odgovarali visini štapića.

68.Slatkiši od šećerne vune

SASTOJCI:
- Sirup s okusom šećerne vune
- 2 šalice mlijeka
- 1/4 šalice šećera
- Šećerna vuna za ukras

UPUTE:
a) U zdjeli za miješanje pomiješajte sirup s aromom šećerne vune, mlijeko i šećer dok se dobro ne sjedine.
b) Ulijte smjesu u kalupe za sladoled.
c) Umetnite štapiće od sladoleda i zamrznite dok ne očvrsnu, oko 4-6 sati ili preko noći.
d) Nakon što se zamrznu, izvadite sladoled iz kalupa.
e) Prije posluživanja svaki sladoled ukrasite malim komadićem šećerne vune.

69. Desert Burrito od šećerne vate

SASTOJCI:
- Konac šećer
- Sladoled (preporučuje se okus šećerne vune)
- Prskalice
- Bijeli sljez

UPUTE:
a) Slijedite upute na pakiranju Floss šećera kako biste napravili seriju šećerne vune.
b) Kada je šećerna vuna spremna, pažljivo je poravnajte u oblik tortilje, pazeći da dosegne debljinu od najmanje ½ inča.
c) Obilno prekrijte spljoštenu šećernu vunu izdašnim slojem posipa i marshmallowa, stvarajući divnu barijeru između šećerne vune i nadolazećeg sladoleda.
d) Zagrabite željeni okus sladoleda na posipanu šećernu vunu, oblikujući slatku jezgru.
e) Posipajte više šarenih preljeva po sladoledu, osiguravajući vizualno privlačan završetak.
f) Rolajte kombinaciju šećerne vune i sladoleda poput burrita, stvarajući očaravajući vrtlog boja i tekstura.
g) Za posluživanje prerežite Cotton Candy Burrito na pola, otkrivajući slojeve slatke dobrote unutar.

70.Dipper za palačinke šećerne vune

SASTOJCI:
- Tijesto za palačinke
- Sirup s okusom šećerne vune
- javorov sirup

UPUTE:
a) Pripremite svoje omiljeno tijesto za palačinke prema receptu ili uputama na pakiranju.
b) U tijesto za palačinke umiješajte nekoliko kapi sirupa s aromom šećerne vune.
c) Zagrijte rešetku ili tavu koja se ne lijepi na srednje jakoj vatri.
d) Izlijte male krugove tijesta na rešetku kako biste napravili mini palačinke.
e) Kuhajte dok se na površini ne stvore mjehurići, zatim preokrenite i pecite dok ne porumene s druge strane.
f) Poslužite mini palačinke s javorovim sirupom za umakanje i ukrasite šećernom vatom za dodatnu slatkoću.

71. Cotton Candy Trifle

SASTOJCI:
- 1 paket mješavine za puding od vanilije
- 2 šalice hladnog mlijeka
- Sirup s okusom šećerne vune
- Šlag
- Šećerna vuna za ukras
- Kocke za kolač (kupovne ili domaće)
- Jagode

UPUTE:
a) Od hladnog mlijeka pripremite puding od vanilije prema uputama na pakiranju.
b) Umiješajte nekoliko kapi sirupa s aromom šećerne vune u puding dok se dobro ne sjedini.
c) U zdjelici ili pojedinačnim čašama za posluživanje, kocke za tortu, puding s okusom šećerne vune, jagode i šlag.
d) Ponavljajte slojeve dok se posuda ili čaše ne napune.
e) Prije posluživanja prelijte malo tučenog vrhnja i ukrasite šećernom vatom.

72. Kolač od šećerne vune

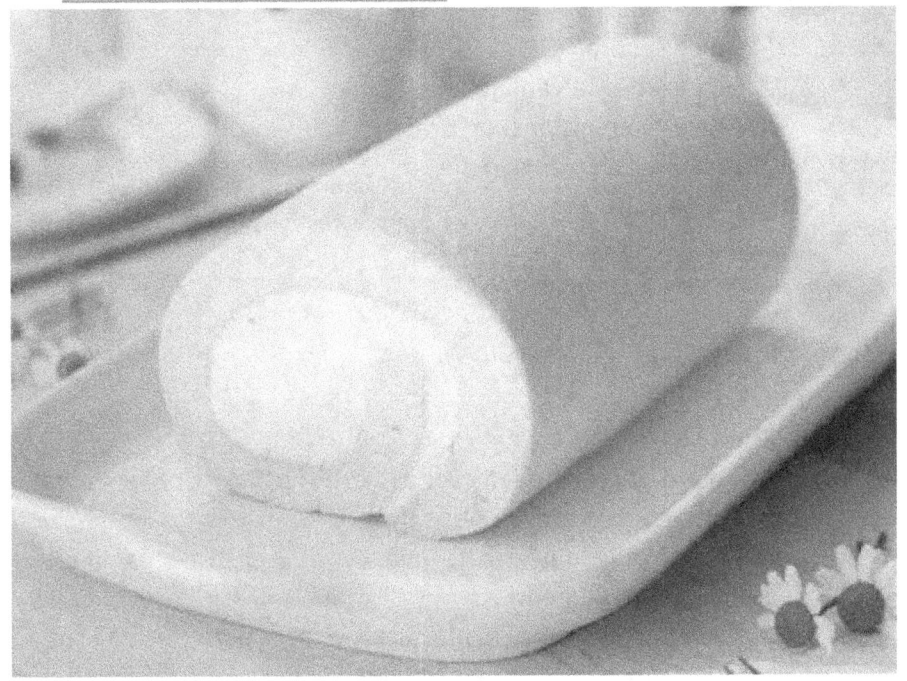

SASTOJCI:
- 3 jaja
- 3/4 šalice šećera
- 1 žličica ekstrakta vanilije
- 3/4 šalice višenamjenskog brašna
- 1 žličica praška za pecivo
- 1/4 žličice soli
- Šećer u prahu za posipanje
- Sirup s okusom šećerne vune
- Šlag
- Šećerna vuna za ukras

UPUTE:
a) Prethodno zagrijte pećnicu na 375°F (190°C) i obložite kalup za roladu želea papirom za pečenje.
b) U zdjeli za miješanje tucite jaja, šećer i ekstrakt vanilije dok ne postane gusto i blijedo.
c) U posebnoj zdjeli pomiješajte brašno, prašak za pecivo i sol.
d) Postupno umiješajte suhe sastojke u smjesu jaja dok se ne sjedine.
e) Ulijte tijesto u pripremljenu tepsiju i ravnomjerno ga rasporedite.
f) Pecite 10-12 minuta, ili dok kolač ne poskoči na lagani dodir.
g) Odmah olabavite rubove torte i preokrenite je na čistu kuhinjsku krpu posutu šećerom u prahu.
h) Tortu zarolajte u ubrus i ostavite da se potpuno ohladi.
i) Odmotajte kolač i premažite sirupom s okusom šećerne vune.
j) Tortu premažite šlagom i ponovno zarolajte.
k) Prije posluživanja ukrasite šećernom vatom.

73.Cotton Candy Cheesecake

SASTOJCI:
ZA KORE:
- 2 šalice mrvica graham krekera
- ½ šalice neslanog maslaca, otopljenog
- ¼ šalice granuliranog šećera

ZA CHEESECAKE:
- 4 paketa (32 unce) krem sira, omekšalog
- 1 ¼ šalice granuliranog šećera
- 4 velika jaja
- 1 šalica kiselog vrhnja
- ½ šalice arome šećerne vune ili sirupa šećerne vune
- Ružičasta prehrambena boja (po izboru)
- Konfeti za dodatni sjaj boje

ZA PRELJEV:
- Šećerna vuna za dekoraciju
- Šlag (po želji)
- Dodatni konfeti za živopisni završni dodir

UPUTE:
a) Zagrijte pećnicu na 325°F (163°C).
b) U zdjeli pomiješajte mrvice graham krekera, otopljeni maslac, šećer i konfete dok se dobro ne sjedine.
c) Pritisnite smjesu na dno kalupa od 9 inča kako biste stvorili koricu.
d) Koru pecite u zagrijanoj pećnici 10 minuta. Izvadite i ostavite da se ohladi dok pripremate nadjev za tortu od sira.

PRIPREMITE NADJEV ZA CHEESECAKE:
e) U velikoj zdjeli za miješanje tucite krem sir dok ne postane glatko i kremasto.
f) Dodajte šećer i nastavite miksati dok se dobro ne sjedini.
g) Dodajte jedno po jedno jaje, dobro umutite nakon svakog dodavanja.
h) Umiješajte kiselo vrhnje, aromu šećerne vune i ružičastu prehrambenu boju po želji. Uvjerite se da je sve dobro spojeno i nježno ubacite konfete.

ISPECITE CHEESECAKE:
i) Preko kore preliti fil za tortu od sira.

j) Pecite u prethodno zagrijanoj pećnici 1 sat ili dok se sredina ne stegne, a vrh ne porumeni.
k) Ostavite kolač od sira da se hladi u pećnici s odškrinutim vratima oko sat vremena.
l) Nakon što se ohladi, kolač od sira ostavite u hladnjaku najmanje 4 sata ili preko noći.

POVRHNITE I POSLUŽITE:
m) Prije posluživanja kolač od sira prelijte šećernom vatom za otkačen dodir.
n) Po želji dodajte komade tučenog vrhnja oko rubova i pospite dodatnim konfetima za dodatni blagdanski štih.
o) Narežite, poslužite i uživajte.

GLAZURE I GLAZURE

74. Glazura od šećerne vate i krem sira

SASTOJCI:
- 8 oz krem sira, omekšali
- 1/2 šalice neslanog maslaca, omekšalog
- 4 šalice šećera u prahu
- 1/4 šalice sirupa s okusom šećerne vune
- Šećerna vuna za ukras

UPUTE:

a) U zdjeli za miješanje izmiksajte omekšali krem sir i maslac dok smjesa ne postane glatka.

b) Postupno dodajte šećer u prahu, miksajući dok se ne sjedini i postane kremasto.

c) Umiješajte sirup s aromom šećerne vune dok se potpuno ne sjedini.

d) Nakon što se kolač ili kolačići ohlade, premažite ih glazurom od šećerne vate i krem sira.

e) Ukrasite komadićima šećerne vune za otkačen dodir prije posluživanja.

75. Glazura od šećerne vate od putera

SASTOJCI:
- 1 šalica neslanog maslaca, omekšalog
- 4 šalice šećera u prahu
- 1/4 šalice mlijeka
- 1/4 šalice sirupa s okusom šećerne vune
- Šećerna vuna za ukras (po želji)

UPUTE:
a) U zdjeli za miješanje istucite omekšali maslac dok ne postane kremast.
b) Postupno dodajte šećer u prahu, šalicu po šalicu, dobro tučeći nakon svakog dodavanja.
c) Pomiješajte mlijeko i sirup s aromom šećerne vune dok ne postane glatko i pahuljasto.
d) Po želji ukrasite komadićima šećerne vune.
e) Koristite za glazuru kolača, kolača ili kolačića.

76.Glazura od šećerne vate

SASTOJCI:
- 1 šalica šećera u prahu
- 2-3 žlice mlijeka
- 2 žlice sirupa s aromom šećerne vune
- Šećerna vuna za ukras (po želji)

UPUTE:
a) U maloj posudi pomiješajte šećer u prahu, mlijeko i sirup s aromom šećerne vune dok ne postane glatko.
b) Prilagodite gustoću dodavanjem još mlijeka ako je pregusto ili još šećera u prahu ako je prerijetko.
c) Prelijte glazuru preko kolača, krafni ili peciva.
d) Po želji ukrasite komadićima šećerne vune.

77. Cotton Candy Swiss Meringue Buttercream

SASTOJCI:
- 4 veća bjelanjka
- 1 šalica granuliranog šećera
- 1 1/2 šalice neslanog maslaca, omekšalog
- 1/4 šalice sirupa s okusom šećerne vune
- Šećerna vuna za ukras (po želji)

UPUTE:
a) U vatrostalnoj zdjeli pjenasto izmiješajte bjelanjke i šećer.
b) Stavite zdjelu iznad lonca s kipućom vodom, pazeći da dno zdjele ne dodiruje vodu.
c) Neprestano miješajte dok se šećer potpuno ne otopi i dok smjesa ne dosegne 160°F (71°C) na termometru za slatkiše.
d) Maknite s vatre i prebacite smjesu u samostalni mikser opremljen nastavkom za mućenje.
e) Mutite velikom brzinom dok se ne formiraju čvrsti vrhovi i dok se smjesa ne ohladi na sobnu temperaturu.
f) Postupno dodajte omekšali maslac, nekoliko žlica odjednom, nastavljajući mutiti na srednjoj do jakoj brzini.
g) Nakon što je sav maslac ugrađen, umiješajte sirup s aromom šećerne vune dok ne postane glatko i pahuljasto.
h) Po želji ukrasite komadićima šećerne vune.
i) Koristite za glazuru kolača ili kolača.

78. Glazura od šećerne vune s bijelom čokoladom

SASTOJCI:
- 1 šalica komadića bijele čokolade
- 2 žlice mlijeka
- 2 žlice sirupa s aromom šećerne vune
- Šećerna vuna za ukras (po želji)

UPUTE:
a) U zdjeli prikladnoj za mikrovalnu pećnicu zagrijavajte komadiće bijele čokolade i mlijeko u intervalima od 30 sekundi, miješajući između, dok se ne otopi i postane glatka.
b) Umiješajte sirup s aromom šećerne vune dok se dobro ne sjedini.
c) Ako je glazura pregusta, dodajte još mlijeka, 1 žličicu odjednom, dok ne postignete željenu gustoću.
d) Prelijte glazuru preko kolača, kolačića ili peciva.
e) Po želji ukrasite komadićima šećerne vune.

79. Cotton Candy Royal Icing

SASTOJCI:
- 2 šalice šećera u prahu
- 2 žlice meringue praha
- 3 žlice vode
- 1/4 šalice sirupa s okusom šećerne vune
- Šećerna vuna za ukras (po želji)

UPUTE:
a) U zdjeli za miješanje pjenasto izmiješajte šećer u prahu i prah za meringu.
b) Postupno dodajte vodu i sirup s aromom šećerne vune, miješajte dok smjesa ne postane glatka i sjajna.
c) Ako je glazura pregusta, dodajte još vode, 1 žličicu odjednom, dok ne postignete željenu konzistenciju.
d) Prebacite glazuru u vrećicu s malim okruglim vrhom.
e) Koristi se za ukrašavanje kolačića, torti ili drugih peciva.
f) Po želji ukrasite komadićima šećerne vune.

80.Ganache šećerne vune

SASTOJCI:
- 1 šalica gustog vrhnja
- 8 oz bijele čokolade, nasjeckane
- 1/4 šalice sirupa s okusom šećerne vune
- Šećerna vuna za ukras (po želji)

UPUTE:
a) U loncu zagrijte vrhnje na srednjoj vatri dok ne počne kuhati.
b) Stavite nasjeckanu bijelu čokoladu u vatrostalnu zdjelu.
c) Vruće vrhnje prelijte preko bijele čokolade i ostavite 2-3 minute da čokolada omekša.
d) Lagano miješajte smjesu dok se čokolada potpuno ne otopi i postane glatka.
e) Umiješajte sirup s aromom šećerne vune dok se dobro ne sjedini.
f) Neka se ganache malo ohladi prije nego što ga upotrijebite kao glazuru ili glazuru.
g) Po želji ukrasite komadićima šećerne vune prije nego što se ganache stegne.
h) Koristite ganache za prelijevanje kolača, kolača ili deserta za ukusan okus šećerne vune.

PIĆA

81.Šećerna vuna Martini

SASTOJCI:
- 1 ½ unce votke od vanilije
- 1 unca votke od maline
- 1 ½ unce sirupa od šećerne vune
- 1 unca pola-pola

UPUTE:
a) Ohlađenu čašu za martini ili coupe zarubite šećerom u prahu.
b) Napunite shaker ledom i dodajte sastojke za koktel.
c) Pokrijte shaker i mućkajte dok se smjesa ne ohladi.
d) Procijedite koktel u pripremljenu čašu.
e) Ukrasite slatkišima.

82.Šećerna vuna Margarita

SASTOJCI:
- 15 grama šećerne vune + mala žlica za ukras
- ½ unce soka od limete (oko ½ limete)
- Šećer, za rimming
- 1 unca tekile Blanco
- 1 unca trostruke sekunde
- 1 unca UV votke za kolače

UPUTE:
a) Napunite shaker do pola ledom.
b) Dodajte 15 grama šećerne vune u shaker.
c) U shaker dodajte sok limete.
d) Polovicom istrošene limete navlažite rub čaše i obrubite ga šećerom.
e) Napunite čašu ledom.
f) Dodajte ostale sastojke u shaker za koktele.
g) Snažno protresite petnaest sekundi.
h) Procijedite, ukrasite malom grudicom šećerne vune i poslužite.

83.Cotton Candy Milkshake šalice

SASTOJCI:
- 2 litre sladoleda od vanilije ILI sladoleda od šećerne vune
- 1 ½ šalice šećerne vune (bilo koje boje)
- ½ šalice hladnog mlijeka, plus još ako je potrebno
- 1 žličica ekstrakta vanilije
- ¼-½ šalice votke (po želji)
- Šećerna vuna, za ukras
- Otopljena bijela čokolada (po želji)
- prskalice (nije obavezno)

UPUTE:
a) Da biste obrubili čašu posipom, svaku čašicu umočite u otopljenu bijelu čokoladu i zatim uvaljajte u posip. Stavite u zamrzivač.
b) U blenderu pomiješajte sladoled, šećernu vunu, mlijeko, vaniliju i votku (ako koristite). Miješajte dok ne postane glatko.
c) Podijelite milkshake u 6 čaša.
d) Svaki napunite šećernom vatom i odmah popijte.

84.Cotton Candy kava

SASTOJCI:

- 2 čaše espressa
- 1 šalica mlijeka
- 1 šaka kockica leda
- 1 šaka šećerne vune

UPUTE:

a) U čašu s kockicama leda ulijte željenu količinu mlijeka.
b) Nježno oblikujte šećernu vunu u kuglu malo veću od vrha čaše. Probodite ražanj kroz sredinu kuglice šećerne vune i postavite je na staklo.
c) Polako prelijte vrući espresso preko šećerne vune.
d) Dobro promiješajte i odmah poslužite. Uživajte u prekrasnoj kombinaciji kave i slatkoće šećerne vune.

85. Šećerna vuna Frappuccino

SASTOJCI:
- 1 šalica leda
- 1 šalica mlijeka
- 3 šalice sladoleda od vanilije
- 2 žlice sirupa od malina
- Šlag
- Kukuruzni sirup
- Bijeli prskalice

UPUTE:
a) Dodajte malu količinu kukuruznog sirupa na papirnati ručnik i nježno istrljajte rub dviju čaša. Ulijte posipe na obruče ili izdubite obruče u posipe raspoređene na tanjur. Staviti na stranu.
b) U blenderu pomiješajte led, mlijeko, sladoled i sirup od malina. Miješajte dok ne postane glatko.
c) Ulijte smjesu u pripremljene čaše.
d) Prelijte šlagom i poslužite.

86. Koktel od bobičaste šećerne vate

SASTOJCI:
- 2 unce votke od vanilije
- 3 unce soka od brusnice
- ½ unce jednostavnog sirupa od jagoda
- ½ unce svježe iscijeđenog soka od limuna
- Led
- Ružičasta šećerna vuna za ukras

UPUTE:
a) U shaker za koktele dodajte led, votku od vanilije, sok od brusnice, jednostavni sirup od jagoda i sok od limuna.
b) Protresite da se ohladi.
c) Procijedite u kamenu čašu na svježem ledu.
d) Ukrasite komadićem ružičaste šećerne vune.

87.Koktel od šećerne vate od trešnje

SASTOJCI:
- 1 velika pahuljasta bijela, crvena ili ružičasta šećerna vuna
- 2 unce višnje votke
- 1 unca grenadina
- Led
- Limun-limeta soda za vrh
- Višnje za ukras

UPUTE:
a) U highball čaši do tri četvrtine napunite šećernom vatom.
b) Preostali prostor ispunite ledom.
c) Dodajte led, votku od trešnje i grenadin.
d) Kratko promiješajte da se sjedini.
e) Prelijte sodom od limuna i limete.
f) Ukrasite višnjama.

88. Sanjivi martini od šećerne vune

SASTOJCI:
- 1½ unce roséa
- 1 unca Aperola
- 1 unca limunade
- Led
- Šećerna vuna za ukras

UPUTE:
a) Ohladite čašu za martini ili coupe.
b) U shaker za koktele dodajte led, rosé, Aperol i limunadu.
c) Protresite da se ohladi.
d) Procijedite u ohlađenu čašu.
e) Ukrasite šećernom vatom.

89.Fairy Floss Martini

SASTOJCI:
- 2 unce votke od vanilije
- 1 unca soka od lubenice
- ½ unce soka od nara
- ½ unce svježe iscijeđenog soka od limuna
- Led
- Šećerna vuna za ukras

UPUTE:
a) Ohladite čašu za martini ili coupe.
b) U shaker za koktele dodajte led, votku od vanilije, sok od lubenice, sok od nara i sok od limuna.
c) Protresite da se ohladi.
d) Procijedite u ohlađenu čašu.
e) Ukrasite šećernom vatom.

90.Cotton Candy Cream Soda

SASTOJCI:
- 1/4 šalice sirupa s okusom šećerne vune
- Krem soda
- Kocke leda
- Šećerna vuna za ukras

UPUTE:
a) Napunite čašu kockicama leda.
b) Ulijte sirup s aromom šećerne vune u čašu.
c) Prelijte krem sodom.
d) Ukrasite malim komadićem šećerne vune.
e) Lagano promiješajte i uživajte u svojoj kremastoj i slatkoj sodi od šećerne vune!

91. Pjenušavi raspršivač šećerne vune

SASTOJCI:
- 1 unca džina
- ½ unce svježe iscijeđenog soka od limuna
- ¼ unce jednostavnog sirupa
- Led
- Prošek za vrh
- Šećerna vuna za ukras

UPUTE:
a) Ohladite šampanjac.
b) U shaker za koktele dodajte led, gin, limunov sok i jednostavan sirup.
c) Protresite da se ohladi.
d) Procijedite u ohlađenu čašu.
e) Prelijte prošekom.
f) Ukrasite šećernom vatom.

92. Kokteli od šećerne vune Blue Lagoon

SASTOJCI:
- Pahuljice šećerne vune
- 1 unca votke ili bijelog ruma
- Plavi curaçao od 1 unce
- 3 unce limunade
- ½ unce limoncella
- Led

UPUTE:
a) Napunite kamenu čašu do tri četvrtine šećernom vatom.
b) Preostali prostor ispunite ledom.
c) U shaker za koktele dodajte led, votku, blue curaçao, limunadu i limoncello.
d) Protresite da se ohladi.
e) Procijedite u pripremljenu čašu za kamenje.

93. Šećerna vuna Vruća čokolada

SASTOJCI:
- 2 šalice mlijeka
- 1/4 šalice komadića bijele čokolade
- Šećerna vuna za ukras

UPUTE:
a) U loncu zagrijte mlijeko na srednje jakoj vatri dok ne postane vruće, ali ne zavrije.
b) Umiješajte komadiće bijele čokolade dok se ne otopi i postane glatka.
c) Ulijte vruću čokoladu u šalice.
d) Ukrasite svaku šalicu malim komadićem šećerne vune neposredno prije posluživanja.
e) Umiješajte šećernu vunu u vruću čokoladu za slatku i kremastu poslasticu.

94. Cotton Candy Milkshake

SASTOJCI:
- 2 šalice sladoleda od vanilije
- 1/2 šalice mlijeka
- 1/4 šalice sirupa od šećerne vune
- Šlag (po želji)
- Šećerna vuna za ukras (po želji)

UPUTE:
a) U blenderu pomiješajte sladoled od vanilije, mlijeko i sirup od šećerne vune.
b) Miješajte dok ne postane glatko i kremasto.
c) Ulijte u čaše.
d) Prelijte šlagom i po želji ukrasite šećernom vatom.
e) Poslužite odmah i uživajte u milkshakeu od šećerne vune!

95. Pneskalica od šećerne vate

SASTOJCI:
- 3 unce votke
- ½ žličice Amoretti arome šećerne vune
- Gazirana voda, za vrh

ZA UKRAŠAVANJE
- Ružičasti šećer za brušenje
- Kukuruzni sirup
- Šećerna vuna

UPUTE:
a) Prvo pripremite šalice. Namažite kukuruznim sirupom cijeli rub čaše i uvaljajte ga u ružičasti šećerni pijesak.
b) U shaker boci pomiješajte votku i aromu šećerne vune. Dobro protresite da se sjedini.
c) Ulijte smjesu votke u pripremljenu čašu.
d) Nadopunite koktel gaziranom vodom za osvježavajuće pjenušanje.
e) Ukrasite rub šećernom vatom za slatki i otkačeni twist.
f) Uživajte u svom Cotton Candy Sparkler koktelu!

96. Soda od šećerne vate i ananasa

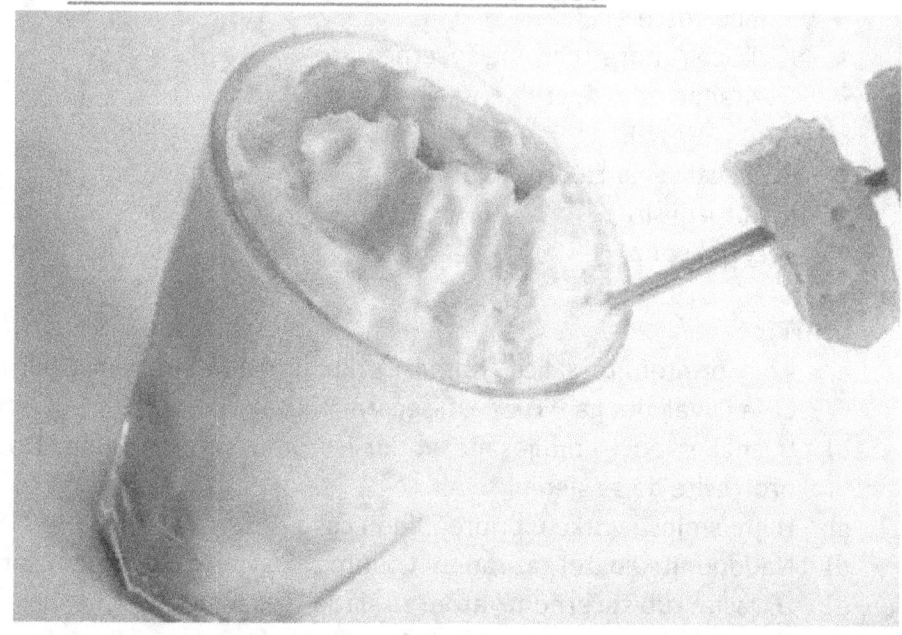

SASTOJCI:
- 1 šalica sode limun-limeta
- 1/4 šalice soka od ananasa
- 1/4 šalice sirupa s okusom šećerne vune
- Kocke leda
- Šećerna vuna za ukras

UPUTE:
a) Napunite čašu kockicama leda.
b) Preko leda prelijte sok od limuna i limete i sok od ananasa.
c) Umiješajte sirup s aromom šećerne vune dok se dobro ne sjedini.
d) Ukrasite malim komadićem šećerne vune na rubu čaše.
e) Poslužite odmah i uživajte u svom osvježavajućem moktelu od šećerne vune!

97.Ledeni čaj od šećerne vune

SASTOJCI:
- 1 šalica kuhanog ledenog čaja, ohlađenog
- 1/4 šalice sirupa s okusom šećerne vune
- Kocke leda
- Šećerna vuna za ukras

UPUTE:
a) U čaši pomiješajte ohlađeni kuhani ledeni čaj i sirup s aromom šećerne vune.
b) Dodajte kockice leda u čašu.
c) Miješajte dok se dobro ne sjedini.
d) Ukrasite malim komadićem šećerne vune.
e) Poslužite odmah i uživajte u slatkom i aromatičnom ledenom čaju od šećerne vune!

98. Punč šećerne vune

SASTOJCI:
- 2 šalice soka od ananasa
- 2 šalice soka od brusnice
- 1 šalica sode limun-limeta
- 1/4 šalice sirupa s okusom šećerne vune
- Kocke leda
- Šećerna vuna za ukras

UPUTE:
a) U velikom vrču pomiješajte sok od ananasa, sok od brusnice, sok od limuna i limete i sirup s aromom šećerne vune.
b) Miješajte dok se dobro ne sjedini.
c) Dodajte kockice leda u pojedinačne čaše.
d) Prelijte punč preko leda.
e) Svaku čašu ukrasite malim komadićem šećerne vune.
f) Poslužite odmah i uživajte u svom živopisnom i aromatičnom punču od šećerne vune!

99. Limunada od šećerne vune

SASTOJCI:
- Limunada od 1 galona
- 3 žlice šećerne vune
- Led

UPUTE:
a) U veliki vrč ulijte limunadu.
b) Umiješajte šećernu vunu dok se potpuno ne otopi u limunadi.
c) Prelijte limunadu prožetu šećernom vatom preko leda.
d) Za dodatnu zabavu, pospite šećernom vatom neposredno prije ispijanja.
e) Dodajte ga u zadnjoj sekundi jer će se brzo otopiti.

100. Cotton Candy Mocktail

SASTOJCI:
UKRASI ZA OBRUČ ŠALICE:
- kriške limete
- ¼ šalice šećera za posip ili ukrašavanje

PIĆE:
- 3 oz. šećerna vuna
- 12 oz. limun-limeta soda

UKRASI:
- 3 oz. šećerne vune
- trešnja po želji

UPUTE:
UKRAŠAVANJE OBRUDA: (OPCIONALNO)
a) Odrežite krišku limete i otvorite je po sredini.
b) Ulijte posipe na mali tanjur, dovoljno dubok da prekrijete rub šalice.
c) Upotrijebite krišku limete da navlažite rub šalice klizeći ga do kraja.
d) Okrenite šalicu naopako u tanjur s posipima tako da pokriju rub.

IZRADA NAPITKA:
e) Pažljivo stavite malo šećerne vune na dno šalice, prilagođavajući količinu ovisno o veličini šalice.
f) Prelijte sodu preko šećerne vune i gledajte kako se otapa u sodi.
g) Ukrasite s još šećerne vune na vrhu šalice i dodajte slamku. Pazite da ukrasna šećerna vuna ne dodiruje tekućinu kako biste spriječili brzo otapanje.

ZAKLJUČAK

Dok se približavamo kraju "Prekrasne kuharice za šećernu vunu", nadamo se da ste uživali istražujući otkačeni svijet deserata nadahnutih šećernom vunom i otkrivajući nove načine da zadovoljite želju za slatkim. Od pahuljastih kolačića i kremastih milkshakeova do dekadentnih kolačića i delikatnih macaronsa, recepti u ovoj kuharici nude primamljiv niz slatkih fantazija za oduševiti i nadahnuti.

Potičemo vas da eksperimentirate s različitim okusima, bojama i tehnikama kako biste ove recepte učinili svojima. Uostalom, ljepota šećerne vune leži u njenoj svestranosti i sposobnosti da potakne maštu. Stoga se ne bojte biti kreativni i pustite svoje slatke snove na slobodu.

Hvala vam što ste nam se pridružili u ovoj ukusnoj avanturi. Neka vaši dani budu ispunjeni živim okusima, delikatnim vrtnjama pahuljastosti i obiljem slatkih užitaka. Sretno kuhanje!

www.ingramcontent.com/pod-product-compliance
Lightning Source LLC
Chambersburg PA
CBHW071331110526
44591CB00010B/1109